LEVE O CORAÇÃO
PARA O TRABALHO

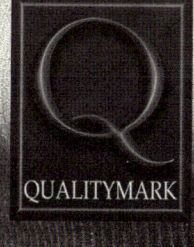

Alessandra Assad

LEVE O CORAÇÃO PARA O TRABALHO

Q
QUALITYMARK

Copyright© 2013 by Alesandra Assad

Todos os direitos desta edição reservados à Qualitymark Editora Ltda. É proibida a duplicação ou reprodução deste volume, ou parte do mesmo, sob qualquer meio, sem autorização expressa da Editora.

Direção Editorial	Produção Editorial
SAIDUL RAHMAN MAHOMED editor@qualitymark.com.br	EQUIPE QUALITYMARK

Capa	Editoração Eletrônica
EQUIPE QUALITYMARK	SBNigri Artes e Textos Ltda.

Fotografias de capa: Brasílio Wille

CIP-Brasil. Catalogação-na-fonte
Sindicato Nacional dos Editores de Livros, RJ

P758d
    Assad, Alessandra
        Leve o coração para o trabalho : como obter sucesso fazendo o que mais gosta com os talentos que você tem / Alessandra Assad. - 1. ed. - Rio de Janeiro : Qualitymark Editora, 2013.
        152 p. : il. ; 21 cm.

        Inclui bibliografia e índice
        ISBN 978-85-414-0115-9

        1. Administração de pessoal. 2. Recursos humanos. I. Título.

13-03449   CDD: 658.3
                                                            CDU: 005.95/.96

2013
IMPRESSO NO BRASIL

Qualitymark Editora Ltda.
Rua Teixeira Júnior, 441 – São Cristovão
20921-405 – Rio de Janeiro – RJ
Tel.: (21) 3295-9800 ou 3094-8400

QualityPhone: 0800-0263311
www.qualitymark.com.br
E-mail: quality@qualitymark.com.br
Fax: (21) 3295-9824

Dedicatória

Dedico este livro a todas as pessoas que buscam uma luz no fim do túnel ou pensam em encontrá-la cada vez que levantam de suas camas para irem ao trabalho diariamente.

Dedico este livro a todas as pessoas que ainda não se encontraram em suas carreiras, que não conseguiram entender o quanto o trabalho pode ajudar a descobrir e alcançar as razões de suas vidas e a realização de seus sonhos.

Dedico a todas as pessoas que participaram de minha pesquisa para esta obra, que me contaram suas histórias e abriram seus corações para mim, ainda que alguns nomes tenham sido trocados, no intuito de respeitar e preservar a identidade e a privacidade.

Dedico ainda a todos aqueles que amam suas profissões e que são extremamente felizes, fazendo o que mais gostam com as habilidades que têm. Eles são exemplo e fonte de inspiração para todos nós, que buscamos pelo trabalho um sentido maior para nossas vidas.

Agradecimentos

Agradeço a Deus pela saúde física e mental.
Agradeço à minha família por todo o apoio,
presença e paciência.
Agradeço aos meus amigos por me compreenderem.
Agradeço aos meus inimigos por me ensinarem a crescer.
Agradeço a todos aqueles que me fazem sorrir
e debater novas ideias.
Agradeço a todos aqueles que me fizeram chorar
e a buscar novos desafios.
Agradeço à QualityMark e a todos os que acreditaram
e incentivaram o meu projeto.
Agradeço também àqueles que duvidaram que
a ideia se concretizaria.
Agradeço a você, por acreditar que poderá descobrir
algo novo depois de ler este livro.
Agradeço a todos os que amam, por saberem que
o amor tudo pode e tudo faz.
Agradeço, finalmente, a todos aqueles que sabem que
o sucesso está dentro do coração de cada um de nós,
porque são vocês que fazem a diferença no mundo.

Prefácio

Há uma expressão em inglês, muito eloquente, que diz: *Home is where the heart is*, que significa: "Seu lar é onde está seu coração". É nesse local, nesse ninho, que nos sentimos inteiros, estimados, íntegros, produtivos, verdadeiros, naturais e amados... Que tal transformar seu local de trabalho num ambiente similar, onde também habitará não apenas seu corpo e mente, mas principalmente seu coração? Nessa situação, tenho certeza que você pulará da cama, todos os dias, para ir ao seu local de trabalho. "Leve o coração para o trabalho" quer dizer trabalhar com a alma, com sua totalidade. Ou seja, não apenas pensar no que está fazendo, mas sentir o que você faz. Assim, começaremos a trabalhar com alegria e alcançaremos o que almejamos, pois, para mim, é a felicidade que traz resultados e não, como muitos acreditam, o contrário, ou seja, que os resultados trazem a felicidade. Uma mudança total de paradigmas.

Neste livro, altamente didático, esclarecedor, de fácil leitura, solidamente pesquisado e recheado de exemplos e exercícios, a autora nos leva por uma agradável viagem que mostra claramente os benefícios de se trabalhar com amor. Parece óbvio, mas infelizmente não é o caso de muitas pessoas. No meu dia a dia como *headhunter* e consultor, tenho me deparado cada vez mais com inúmeros casos de frustração, sentimentos de não realização, infelicidade e, até mesmo, depressão. O porquê disso? A explanação é simples: trata-se de uma questão de atitude. O ser humano faz ou realiza ações fundamentalmente por um destes cinco motivos principais, a saber:

1. por necessidade ou obrigação (Tenho de fazer isso);
2. por medo ou insegurança (Não posso deixar de fazer isso, senão...);
3. por aceitação ou resignação (Está bem, como não há alternativa, aceito fazer isto);
4. por satisfação ou prazer (Gosto de fazer isso) e
5. por amor ou vontade (QUERO fazer isso!).

Os dois primeiros motivos nos levam a ações reativas, o terceiro é neutro e os dois últimos são proativos, especialmente a quinta motivação. A escolha é nossa... unicamente nossa. E o resultado é notoriamente diferente, dependendo da atitude escolhida. Assim, devemos passar da reatividade à proatividade por meio da mudança da nossa atitude. Você verá que diferença isso fará na sua vida!

Leia o livro sem preconceitos, com a mente aberta, para poder assimilar e analisar os argumentos da nossa autora, uma estudiosa do comportamento humano, através das suas diversas iniciativas como repórter, apresentadora, colunista, palestrante, professora e mulher.

Sempre fui um curioso do significado das palavras e aprecio muito a etimologia. Então, caro leitor, apresento-lhe uma curiosidade interessante – algumas palavras que se iniciam com o prefixo "a" significam "sem aquilo". Por exemplo, um ateu é uma pessoa sem Deus, sem fé. Uma carta anônima é um documento sem nome ou assinatura. Um aluno é uma pessoa sem luz (-luno de lúmen ou luz). E amor, no meu entender, é viver sem morte (de mors, mortis), pois quem ama, vive! E quem trabalha com amor, o faz com vida, com outra energia, com uma grande vibração, com leveza do ser... e num estado de graça.

Boa leitura!

Robert Wong
Headhunter, **consultor e escritor**

Sumário

Dedicatória V
Agradecimentos VII
Prefácio IX
Onde está o seu coração? XV

Capítulo 1 – O que você mais gosta de fazer? 1
Dinheiro é Consequência? 3
Vantagens competitivas 4
Maximizando talentos 5
Talento, tempo e energia 7
As dez mil horas de Gladwell 9
As 10 carreiras que trazem mais felicidade 11

Capítulo 2 – O que você sabe fazer bem? 13
Talento 15
Recursos 15
Vontade 16
Prazer 16
Ambiente 17
Reconhecimento 18
As seis variáveis do sucesso e seus cenários 18
Exercício: a realidade como ela é 25
"*Enrolation*" 26
Como transformar talento em desempenho 27
Quatro dicas para se tornar um grande gerente 29

Capítulo 3 – O significado do seu trabalho 31
As necessidades e as escolhas profissionais 32
O papel e o valor do dinheiro 34
A marca da mediocridade 35

Vínculo superior 38
7 lições para promover a criação de um propósito 39
Você se orgulha do seu trabalho? 42
Por que você trabalha?.. 43
Teste da longevidade.. 45
Trabalho e vida pessoal... 46

Capítulo 4 – Que influência o DNA da empresa tem sobre você? 47
Missão, visão e valores.. 51
Cabeça e coração 53
Organismo vivo... 54
Identidade, coesão e continuidade.......................... 56
Expectativas x resultados 59
Sem dor... 60
Laboratório Sabin: um caso brasileiro de Gestão pelo Amor 60

Capítulo 5 – Como o amor maximiza resultados 63
Workaholic X *Lovework* 68
Qual é o seu sonho? 69
Que semente tem dentro de você?.......................... 70
O engajamento no trabalho.................................... 72
Seja você mesmo... 74
A busca pelo ponto de equilíbrio 75
Google: ousadia para fazer a diferença 76
Cuidando de "corações e mentes"........................... 77
Liderança libertadora pode ajudar a encontrar seu grande amor.. 78
Uma dose de amor para os líderes.......................... 79

Capítulo 6 – A construção do sucesso........................ 81
Eficiência e eficácia... 83
Amar o que faz, fazer bem, ganhar dinheiro ou aprender? 84
Excelência: estratégia, execução e pessoas............. 85
Sucesso tem mesmo fórmula?................................. 87
Mas... e o amor? 90
Termômetro 91
Employeeship.. 92

Capítulo 7 – Os 8 segredos comportamentais do profissional que faz a diferença 97
O valor da autoestima 98
Segredos comportamentais 99

Capítulo 8 – Leve o Coração para o Trabalho 105
Desafie, remunere e celebre 108
Resultado traz felicidade ou felicidade que traz resultados? 109
Felicidade no trabalho 110
A felicidade e suas áreas de atuação 112
Sinais de compatibilidade com o emprego 114
Por que algumas pessoas nunca se encontram no trabalho 115
Você tem medo do sucesso? 117

Capítulo 9 – O que é trabalhar com amor 121

Referências Bibliográficas 129

Onde está o seu coração?

Eu gostava do que os meus olhos viam. Como era bonita a República Dominicana. Eu me perguntava, absorta em meus pensamentos, o que poderia fazer com que um país fosse completo e próspero? O cenário, o povo, sua moeda, enfim, que conjunto seria necessário para ter o país perfeito? E em meio àquela praia de águas cristalinas, chamou-me a atenção o movimento de uma silhueta contra o sol. Quem era aquele que corria de um lado para o outro, entrando e saindo do mar com uma energia esfuziante? O que ele segurava nas mãos com tanto zelo, que não poderia ser molhado? A distância me impedia de ter essas respostas, então me levantei e fui ao encontro daquela imagem, cheia de vida, ainda iluminada pela luz do sol, que já dava indícios de que em breve iria se pôr.

Ao me aproximar, percebi que o menino em questão não tinha mais que 23 anos. A pele morena denunciava que ele deveria ser nativo do país, e o espanhol fluentemente veloz me mostrava que ele tinha pressa. Com as mãos, sinalizava: "Um pouco mais para a esquerda". E falava alto: "Isso mesmo. Agora fiquem aí que vou correr para pegar a luz que está batendo na água. Não se mexam! Vamos aproveitar o resto de sol que ainda temos". E lá se foi o menino novamente correndo para dentro do mar, todo molhado e cheio de areia pelo corpo. O objeto que ele carregava com tanto carinho para não ser molhado, era uma câmera fotográfica profissional, dessas que custam alguns mil dólares, mesmo nos EUA, onde ainda esse tipo de equipamento costuma ser mais barato que em outros lugares. Equipamento de primeira linha, o que me fez pensar que o cuidado dobrado fosse pelo fato de que talvez o equipamento não fosse dele. Os modelos que ele fotografava não tinham nada de especial, apenas pelo fato de ser um jovem casal em lua-de-mel na República Dominicana.

Fiquei encantada com a energia que aquela cena emanava. A dedicação do menino era tão grande, que ele esquecia do tempo, do corpo, da roupa e do mundo quando estava fotografando. Fernandez só se deu conta da minha presença quase meia hora depois do pôr-do-sol. O casal já tinha ido embora, e ele continuava ali, limpando o equipamento, revisando as fotos do dia. Incrível era o seu sorriso quando encontrava um bom resultado no visor da câmera. Parecia que o mundo podia se acabar, que ele ia continuar feliz.

Então, eu me aproximei e perguntei se ele estava cansado. Ele sacudiu a cabeça numa negativa e com um brilho nos olhos que vi em poucas pessoas até hoje, e respondeu: "Eu poderia fotografar até amanhã de manhã, que não me sentiria cansado. Só parei mesmo porque anoiteceu e acabou a luz", explicou com o mesmo sorriso nos lábios.

Como sou amante de fotografia, o tema me interessou por dois motivos: primeiro, porque queria saber como funcionava o trabalho dele naquela praia linda, e segundo, porque precisava descobrir de onde vinha aquela automotivação, tão rara de ser encontrada.

Conversamos longamente e foi então que descobri que o jovem era recém-formado em Fotografia em uma Universidade de Santo Domingo, capital da República Dominicana. Mas o que ele fazia ali?

Fernandez me contou que fazia apenas três meses que fotografava para uma empresa terceirizada do hotel, especializada em fazer *books* de casais em lua-de-mel. Era funcionário dessa empresa, mas havia quase oito meses que morava por ali, tentando conseguir uma vaga como fotógrafo. "Foi muito difícil. Todos os fotógrafos aqui são estrangeiros e é política do hotel não permitir que dominicanos trabalhem nesse tipo de serviço. Eu sabia disso, mas também sabia que não deveria desistir do meu sonho. Eu precisava de uma oportunidade para mostrar meu trabalho. E só conseguiria fazer isso quando encontrasse e falasse com o dono da empresa, que viaja o mundo todo e passa por aqui apenas algumas vezes ao ano".

E como você conseguiu isso? Perguntei. "Eu pedi para trabalhar como assistente de café da manhã numa outra empresa terceirizada do hotel. Todos os dias, eu descarregava o caminhão de manhã bem cedo, com louças e alguns comes e bebes para o café ou *coffees* especiais. Trabalhei durante quatro meses nessa empresa, ganhando cerca de U$ 400 por mês, até o dia em que fiquei sabendo que o dono da empresa de fotografias estava no hotel. Larguei tudo e fui correndo falar com ele, que ouviu o que eu tinha para dizer, mas não me fez acreditar que poderia trabalhar para ele. Pedi para fazer um teste e mostrar o meu trabalho; então fiz as fotos de um casal com o meu equipamento para ele avaliar. Naquele dia, eu ganhei o meu trabalho, ainda que soubesse que era uma exceção no meio de estrangeiros que dariam sempre a preferência para fotografar com outros estrangeiros". Mas... e o seu salário, também é diferente dos outros profissionais?

Ele me contou que sim, enquanto os outros ganhavam por *book*, ele ganhava uma pequena porcentagem por foto vendida. Pensei no tamanho daquela injustiça, quando me revelou que ainda assim o salário dele era cerca de três ou quatro vezes maior que o dos seus colegas, o que fazia dele um jovem dominicano com destino promissor, porque em apenas três meses já havia conseguido adquirir equipamento próprio e de primeira linha. Como assim?

"É simples", explicou. "Os meus colegas trabalham por *book*, então, para eles, tanto faz quantas fotos as pessoas compram. Eles querem fazer o máximo de books por dia, atendem o máximo de pessoas que podem, em um curto espaço de tempo. Eu trabalho por foto, então esgoto todas as possibilidades que tenho com cada pessoa que fotografo. Para mim, cada foto é única, eu cuido da composição, da luz e de muitas outras variáveis para conseguir um bom resultado. A melhor foto é sempre a próxima, e isso faz com que as pessoas tenham dificuldade na hora de escolher. Elas acabam comprando muito mais e, como consequência, eu ganho mais também". Simples, não?

Não fosse pela sutileza e humildade dele, eu jamais acreditaria nisso tudo. Mesmo assim, precisei verificar com os meus próprios "olhos". No dia seguinte, tentei agendar um *book* com ele, mas na empresa de fotografia me disseram que ele só tinha agenda para dali a quatro dias, mas que outros fotógrafos poderiam me atender. O meu raciocínio foi totalmente lógico: no meu caso, que estava sozinha, pagar por fotos seria muito melhor e mais barato que pagar por um *book*, porque assim eu escolheria umas três ou quatro, levaria uma bonita recordação da República Dominicana para casa e ajudaria também, de alguma maneira, alguém que é talentoso e motivado. E isso é algo que tenho muito prazer em fazer!

Quando vi o resultado da sessão de fotos, quase entrei em parafuso. Era impossível não comprar pelo menos 40 fotos daquela série. Ainda que eu tenha investido um montante que não estava programado, o resultado valeu cada centavo. E foi então que eu consegui realmente entender como ele havia transformado um trabalho rotineiro de registro fotográfico, numa diversão altamente lucrativa, no qual conseguiu associar arte e beleza, que o levou a novos limites de produtividade e valor, num país que pouco oferece em termos de oportunidades, carreiras, e bons salários.

Isso me faz pensar naquelas pessoas que reclamam todos os dias quando toca o despertador de manhã. Quanta gente detesta a própria profissão, não ama o seu trabalho, reclama das obrigações e do salário, faz com má vontade, não vê a hora de o dia acabar e morre de tédio frente a novos desafios? Quanta energia desperdiçada e dinheiro jogado fora frente a um mar de pessoas de baixa produtividade, que, muitas vezes, nem têm consciência de sua importância pelo simples fato de empurrarem cada dia com a barriga e de qualquer maneira.

Quanta diferença tudo isso faz quando traçamos um paralelo com pessoas como o menino Fernandez, como o atendente da farmácia que canta, como o pintor que se apaixona por cada tela que pinta, com aquele que faz um tremendo sucesso porque simplesmente inventou um jeito diferente de sorrir para os seus clientes. Cada um de nós tem liberdade de agregar ou não o valor do amor e do entusiasmo em qualquer atividade que estejamos desenvolvendo, a qualquer momento de nossas vidas. Tudo vai depender do quanto o seu coração está envolvido em tudo isso.

Afinal, cargos não têm pensamentos e nem alma, mas as pessoas sim. E isso pode ser percebido e quase tocado nos detalhes mais simples. É no capricho do pacote de presente da balconista, é na consideração da resposta do *e-mail* que vem do diretor da empresa, é na forma como você olha nos olhos das pessoas. É na gentileza de cada dia ou até na maneira como as pessoas brigam para ir à busca de seus objetivos, suas metas e realização de seus sonhos.

Precisamos ter liberdade para enxergar como dar asas a nossas paixões. Porque é a partir daí que tudo vai acontecer em nossas vidas. Incrível como o emprego que temos vai começar a se assemelhar ao emprego que sempre quisemos ter. É o nosso entusiasmo que concede gratificações do emprego dos sonhos, em matéria de importância, reconhecimento, produtividade e alegria.

Afinal, o que pode fazer com que um profissional seja completo e promissor? Sua aparência, seu estudo, seu salário, enfim, que conjunto seria necessário para ter um profissional perfeito? Seria o alinhamento entre conhecimentos, habilidades e atitudes? Talvez um pouco mais que isso: mãos, cabeça, coração e alma precisam estar alinhados e totalmente integrados.

Gosto quando a escritora Barbara Glanz diz: "Faça do seu trabalho uma obra de arte e assine seu nome nela". Mas para isso é preciso, antes, saber qual é a sua paixão, descobrir seu objetivo, para então sim reformular o seu trabalho, caso seja necessário. E a grande dica aqui é descobrir o emprego que sempre quis sem deixar aquele que já tem. É descobrir o grande profissional que há em você sem precisar deixar de ser você mesmo. É simplesmente maximizar os seus talentos e equilibrar com as suas oportunidades. E como fazer isso? Primeiro tente despertar paixão pelo seu trabalho; depois, se isso não funcionar, descubra um trabalho pelo qual você seja apaixonado, para poder transformar tudo isso em amor.

Afinal, o que emociona você? O que faz os seus olhos brilharem? Você é quem comanda a paixão que tem pelo seu trabalho. E a sua tarefa é saber qual é a sua paixão. A paixão é importante porque gera energia, mas o objetivo concentra e molda esta energia. O objetivo pode ter uma força maior quando está fora de você mesmo, além do seu ego ou dos interesses financeiros. Você tem a opção de fazer o trabalho necessário para alcançar a essência do seu ser, o lugar onde sua paixão repousa, o lugar onde o seu eu verdadeiro se encontra dentro de você. O primeiro passo é descobrir como ampliar seja qual for a paixão residual que você tenha e fazer com que ela cresça de modo a guiar seu trabalho no futuro. Cada um de nós tem uma paixão em algum lugar. O segredo é encontrá-la e construir o seu trabalho em volta dela.

E como toda grande conquista na vida, é preciso começar com o primeiro passo. Então, comece se perguntando: o que você mais gosta de fazer?

> *"Escolhe um trabalho de que gostes, e não terás*
> *que trabalhar nem um dia na tua vida"*
> Confúcio

Capítulo 1

O que você mais gosta de fazer?

Sou fruto de uma geração analógica que precisou se transformar em digital para sobreviver. Sou de uma época em que passar no vestibular significava quase se matar de tanto estudar para eliminar pelo menos mais trinta candidatos que brigavam pela mesma vaga nas tão escassas universidades disponíveis. Geração de pais separados, que descobriu a AIDS, jogou ATARI, precisou sobreviver à inflação e foi praticamente obrigada a se submeter a engolir sapos para ter uma oportunidade no mercado de trabalho. Soubemos exatamente o significado da palavra concorrência e, praticamente, todas as suas adjacentes. Mas soubemos muito pouco sobre prazer e diversão no ambiente de trabalho.

Quando eu era criança, muita gente me perguntava: "O que você vai ser quando crescer?", mas nunca me perguntaram: "O que você mais gosta de fazer?". E ai de mim se dissesse que queria ser escritora, professora e apresentadora de TV. Já logo alguém rebatia: "Ela não sabe o que quer ainda, mas vai ter tempo para escolher". Escolher? Que palavra mais cruel, principalmente quando você tem 16 anos e precisa decidir pelo resto da sua vida a profissão que vai abraçar.

A moda era escolher algo que rendesse dinheiro, como Medicina, Engenharia ou Direito. Qualquer uma dessas profissões era sinônimo de sucesso financeiro garantido, e qualquer coisa fora desse contexto era um prenúncio ao fracasso anunciado de uma carreira que nem tinha começado ainda num mercado quase saturado por todos os lados. "Se não está satisfeito, vai embora. Tem uma fila de pessoas esperando você sair para sentar na sua cadeira". Abordagens desse tipo eram muito comuns por parte dos empregadores. Assédio moral? Ninguém sabia o que isso significava da porta para fora, assim como ninguém respeitava o Código de Defesa do Consumidor, que, aliás, era motivo até de chacota da porta para dentro.

Felizmente eu sabia o que mais gostava de fazer, e desde criança tive um ambiente que me possibilitou criar, imaginar, brincar e de fato testar o que fazia a minha alma feliz e os meus olhos brilharem. Eu amava brincar de escolinha, desde que eu fosse a professora. Eu adorava brincar de TV, e minha mãe me ajudava com uma filmadora jurássica, daquelas que o vídeo ficava pendurado do lado de fora. Ela me dirigia. Eu já gostava de escrever, e desde pequena fui estimulada para isso. Ainda que aos 17 anos eu tenha vacilado na hora de marcar o X na profissão de jornalista que escolhi, meu coração sabia exatamente o que eu mais gostava de fazer. Mas sei que sou uma privilegiada sob muitos aspectos, e só agradeço ao Criador por isso. Pertenço a uma classe de pessoas felizes que podem viver, amar e depender financeiramente do trabalho e da profissão que escolheram exercer.

Felizmente, os tempos mudaram, e as gerações Y e Z já crescem menos sufocadas, num ambiente diferente de escolhas, normas, sociedade e cobranças. Mais responsabilidade talvez, mais liberdade também, mais comunicação, mobilidade, conectividade e, talvez, um pouco menos de maleabilidade e tolerância. E isso me faz lembrar no que já dizia Peter Drucker, que foi o pai da Administração, quando escreveu o livro *Sociedade para o século XXI*, na década de 50, e enfatizou que as gerações vindouras seriam muito mais terceirizadas, empreendedoras, questionadoras e "realizadas". Quanta visão ele teve! Visão de um mundo que ainda não dava nem indícios comportamentais dessas mudanças tão radicais, que hoje sinalizam um novo recomeço, uma nova sociedade para um novo mundo capitalista.

Dinheiro é Consequência?

Uma pesquisa de Srully Blotnick, divulgada em Getting Rich Your Own Way, em 1982, acompanhou, durante vinte anos, 1.500 pessoas que estavam em início de carreira e as dividiu em dois grupos separados e com perfis diferentes. O grupo A, detentor de 83% da amostragem, era composto por pessoas que estavam iniciando uma carreira com o objetivo de gerar dinheiro agora para fazer o que gostam depois. Aquele clássico "garantir a aposentadoria". Já o grupo B, apenas 17% da amostragem, tinha como perfil pessoas que escolheram a carreira baseadas no que queriam fazer agora e se preocupariam com o dinheiro depois. Ou seja, "vou fazer o que gosto agora e depois eu penso no meu futuro".

Ao final dos vinte anos propostos, veio a descoberta alarmante: 101 pessoas das 1.500 acompanhadas pela pesquisa haviam se tornado milionárias. Dentre os milionários, todos exceto 1 – 100 dos 101, pertenciam ao grupo B, o grupo que escolhera se dedicar ao que amava. Qual a conclusão que podemos tirar? Certamente a de que o dinheiro é sim consequência de um trabalho bem-feito.

Não estou querendo dizer com isso que você deve abandonar tudo agora e dedicar toda a sua energia só para aquilo que você mais gosta de fazer. O que eu quero dizer é que existe, sim, uma relação entre amor ao que se faz e bons resultados financeiros. Ou seja, dificilmente alguém fica rico fazendo algo que não suporta. E vamos olhar com mais carinho para essa descoberta ao longo dos próximos capítulos. O fato é que quando fazemos o que realmente amamos, temos uma vantagem competitiva quase desleal em relação aos outros profissionais, porque podemos aumentar nossa performance geral, fazendo as coisas com mais velocidade, sem comprometer a qualidade.

Vantagens competitivas

Imagine-se sendo destro e tentando escrever com a mão esquerda. Você pode até conseguir, mas vai levar o dobro do tempo que uma pessoa sinistra para fazer isso. Ela tem essa habilidade de nascença, e terá mais velocidade que você. Isso significa que ela poderá escrever dez páginas no mesmo tempo em que você levará para escrever, provavelmente, cinco ou seis.

Conheço uma ginasta que desde pequena foi rejeitada por diversos clubes, e a justificativa dos treinadores era a de que ela não tinha aptidão alguma para o esporte em questão. O fato é que Amanda sabia disso, e seus pais também. Mas nada, absolutamente nada, fez com que ela desistisse de fazer ginástica. Mesmo sabendo que nunca seria uma campeã, ela ia todos os dias treinar como se estivesse se preparando para uma olimpíada, porque o amor à ginástica falava mais alto. Amanda nunca passou de uma ginasta medíocre, mas a automotivação que ela tinha, ainda que com diversas limitações físicas (era muito grande, pesada e desajeitada), era maior que a de muitas campeãs. E foi o prazer pelo esporte em si que a tornou uma pessoa realizada. "Estar perto das campeãs e ver como elas treinavam já me deixava muito feliz". Essa satisfação alimentou a alma de Amanda durante pelo menos dez anos em que treinou ginástica olímpica. E ainda que de maneira inconsciente, ela desempenhou o papel dela. Cada vez que uma campeã pensava em desanimar e via a Amada treinando há muito mais tempo para não fazer nem metade do que elas faziam, logo isso refletia em novo ânimo para toda a equipe. Mas, nesse caso de Amanda, o principal é saber de suas limitações, ir em busca do seu prazer, e não alimentar falsas expectativas para não se frustrar mais tarde. Ela sabia que por mais que treinasse muito, nunca seria uma campeã. Não pelo fato de não ter nascido com o talento, mas pelo fato de ter nascido com talento contrário. Ou seja, diferente de você não ter facilidade para fazer algo, é você ter dificuldade real para alguma coisa. Quando você não tem o dom, está neutralizado em relação à concorrência. Mas quando você tem dificuldade, muita dificuldade mesmo para fazer algo, você parte do negativo para concorrer com alguém que já está no positivo há algum tempo. E isso se transforma numa desvantagem competitiva.

Há exceções também, lógico. Você pode, de repente, resolver se dedicar tanto para isso, treinar muito, investir seu tempo, foco e energia, e acabar sendo mais veloz que o seu concorrente a médio e longo prazos. Mas isso só acontecerá se ele ficar parado e você for, no mínimo, neutro. Se os dois treinarem muito, ambos serão bons, mas ele sempre levará vantagem sobre você, ou com a velocidade ou com o tempo de treino. Ainda poderemos ter um cenário no qual ele treine pouco e você muito, e então teremos um belo confronto entre a zona de conforto dele e a sua persistência, que devem ser inversamente proporcionais para termos um fator decisivo de ganho. E, diga-se de passagem, isso é perfeitamente possível. Já vi situações desse tipo acontecerem com pessoas muito talentosas, que o simples fato de saberem de suas habilidades natas as colocou na zona de conforto. No entanto, a longo prazo, tiveram carreiras bem menos reconhecidas que de outros que não nasceram com o talento, mas que tiveram muita força de vontade, foco e persistência para desenvolvê-lo e alcançaram o sucesso.

Maximizando talentos

Sérgio nasceu com o dom de escrever. Redator talentoso, ele deixava a sua timidez boicotar o seu talento. Cada vez que ia se apresentar para uma entrevista de trabalho, era uma tragédia, porque ele escrevia bem, mas falava mal, e em algumas vezes, acabava gaguejando sem parar. Teve poucas oportunidades para mostrar o seu talento e acabou perdendo bons empregos para pessoas bem menos talentosas, mas que escreviam razoavelmente bem e se expressavam verbalmente melhor que ele. O conjunto da obra fez com que Sérgio fosse, boa parte se sua vida, prejudicado por não conseguir mostrar o seu talento ao universo.

Ele é de fato um dos escritores mais talentosos que já conheci, e uma pessoa de uma cultura fenomenal. Para ele, o simples fato de ter um trabalho que o ajude a pagar as suas contas, fazendo o que mais gosta, que é escrever, está de bom tamanho. Ele não é uma pessoa ambiciosa, não quer ir mais longe. Vale o prazer de, todos os dias, fazer o que mais gosta. Mas essa foi a opção dele. Sérgio se realiza indo diariamente para o trabalho atuar com a sua maior paixão: escrever. Ele poderia ter se transformado num autor famoso? Sim, mas teríamos de analisar as muitas outras variáveis que envolvem todo esse processo de reconhecimento por um bom trabalho executado. No caso dele, a desvantagem cresceu em relação à vantagem competitiva que ele tinha.

Cláudia, por exemplo, é daquelas pessoas que todos dizem que "nasceu virada para a lua". Tudo o que ela faz, é sucesso. Talentosa em muitas áreas, ela ainda tem família rica e que banca muitos dos sonhos e das ideias malucas que ela apresenta de tempos em tempos. Tremenda vantagem competitiva. Mas, apesar de ser talentosa, e de ter dinheiro para investir no seu próprio talento, Cláudia é preguiçosa e não termina quase nada do que começa a fazer.

Ela não tem foco e não sabe direito como responder à pergunta: o que você mais gosta de fazer? Há dois anos passou por uma depressão daquelas que precisam de internamento em hospital porque não conseguia ver sentido para a sua própria vida. Ela não sabe o que gosta de fazer e nem mesmo o que ela faz bem, já que tem muitos talentos. De nada adiantam os recursos se você não tem foco e não sabe como maximizar os seus talentos e minimizar as suas fraquezas, porque estas viram monstros de desvantagens e engolem todas as suas vantagens competitivas num piscar de olhos.

Agora, você consegue imaginar o que pode acontecer se tiver nascido com o talento e ainda dedicar seu tempo, energia e prazer lapidando esse diamante? Acha mesmo que isso não é matemática básica?

Ainda que muitas pessoas atribuam à falta de recursos como principal desculpa para não decolar na carreira, é bastante interessante pensarmos que ir atrás desses recursos também é nossa obrigação. Afinal de contas, nenhum investidor ou empresa vai cair do céu para financiar os seus talentos. Isso precisa partir de você. Isso tem tudo a ver com a sua motivação, com os motivos que fazem com que você se levante da cama todos os dias feliz porque sabe que vai caminhar mais um pouquinho na sua jornada, usando os seus talentos para o seu prazer, para fazer dinheiro e ainda ajudar a fazer deste, um mundo melhor. Muito difícil?

Talento, tempo e energia

Marcos tinha facilidade para aprender idiomas e sonhava com uma carreira internacional. O fato de ter nascido numa família pobre não o impediu de aprender três idiomas pela Internet e ainda despontar como o *trainee* mais qualificado na multinacional onde escolheu para trabalhar. Ele foi em busca do próprio sonho e tudo indica que terá um futuro brilhante pela frente. Ele esmagou a desvantagem, potencializou os talentos que tem e transformou tudo isso em uma grande vantagem competitiva.

O talento somado àquilo que você gosta de fazer, e faz bem, aumenta a sua performance e minimiza o seu cansaço físico, fazendo com que você possa cobrar mais caro pelo seu trabalho, caso realmente entregue mais que a sua concorrência. É simples, você cria valor percebido sobre você mesmo e finalmente passa a fazer os seus talentos trabalharem para você. Eu diria que é quando despertamos para o sucesso, porque antes disso, nós trabalhamos sim, e muito, pelos nossos talentos.

Principalmente se levarmos em conta que 4 em 10 funcionários europeus pensam coisas ruins e falam mal da empresa onde trabalham; 8 em 10 não levam o coração para o trabalho; 2 em 10 dão o melhor de si, e apenas 20% da população ativa é automotivada. Você estará concorrendo com apenas 20%, e se levar em conta todos os quesitos observados anteriormente, esse número tende a cair cada vez mais. Mais de 50% das pessoas hoje buscam nas empresas a oportunidade de crescer e de se desenvolver. Isso significa que os profissionais deste século querem ter a sensação de que estão evoluindo. E em quais profissionais as empresas mais investem? Nos melhores, claro. Seu líder não vai investir em você se achar que você não tem talento, não gosta do que faz ou não está muito preocupado com o seu próprio desenvolvimento. Quem trabalha por resultado investe em quem dá resultado. E será que tem alguém que ainda não trabalha por resultado?

Se você se sente meio largado, acha que parou no tempo e na sua função, a empresa não investe em você, e a sua motivação já se perdeu faz tempo, talvez seja o momento de se perguntar: onde eu quero chegar? Para onde eu estou indo? Eu gosto do que eu faço? O que eu mais gosto de fazer? Repense seriamente sobre a sua carreira. Não desperdice sua vida fazendo algo que não agrega valor para ninguém e que ainda contribui para depreciar você. Os tempos são outros e hoje podemos, sim, ir em busca de um trabalho que nos dê mais que dinheiro. Porque dinheiro é bom, é importante, e todo mundo gosta, sejamos francos. E o dinheiro traz satisfação e outras coisas também. Mas sozinho não motiva ninguém a nada. Eu concordo que a falta dele é desmotivadora, mas ele está bem longe de ser o principal motivador de um profissional de sucesso.

> "Para o trabalho que gostamos, levantamo-nos
> cedo e fazemo-lo com alegria"
> *William Shakespeare*

E não pense que as novas gerações pensam diferente nesse aspecto. Há nove anos, a Cia de Talentos, que integra o Grupo DMRH, investiga o que leva os jovens a desejarem trabalhar para as empresas.

Uma pesquisa foi realizada pela Cia de Talentos, em parceria com a NextView, empresa especializada em mapear tendências para a área de recursos humanos, e a TNS, empresa global de pesquisa de mercado para descobrir o que havia entre o que os jovens desejavam e o que as organizações buscavam e ofereciam por meio de programas para estagiários ou *trainees*. O estudo "A empresa dos sonhos dos jovens" apontou que o jovem brasileiro entende que trabalhar com aquilo de que gosta é sinônimo de sucesso. Ao menos essa foi, para 36% da amostra, a primeira citação como resposta à pergunta: "O que define sucesso?". O equilíbrio entre vida pessoal e profissional foi o segundo fator de maior incidência na primeira colocação (20%), seguido pela sensação de realização (17%). Curiosamente, esses três indicativos de sucesso também são os primeiros apontados pelos jovens argentinos e mexicanos. Os estudos mostraram que moeda para a geração Y é reconhecimento. A conclusão a que chegaram foi: "Se o que importa é mostrar resultados, vou cuidar mais da minha qualidade de vida e realização. Não vou ser feliz somente após a aposentadoria".

O momento é este e a hora é agora. Por que você demorou tanto para descobrir isso? E agora, o que você vai fazer com esta informação? Ainda que muitos autores consagrados defendam a ideia de que querer é poder, eu me arrisco em dizer. Se você não fizer nada, nada vai acontecer.

As dez mil horas de Gladwell

Recentemente, Malcolm Gladwell, autor de livros consagrados como *Blink: a decisão num piscar de olhos* e *Ponto de virada*, apresentou sua regra das 10 mil horas de dedicação que constroem a carreira bem-sucedida, ou 98% de transpiração e o restante de inspiração, sabendo usar a seu favor as desvantagens e fraquezas de seu legado histórico e como aproveitar as oportunidades.

Uma das coisas que chamou a minha atenção em seu livro *Fora de série* é quando ele trata das desvantagens que são vantagens e cita, como exemplo, uma quantidade extraordinária de empreendedores que tem dislexia, explicando que uma desvantagem pode tornar-se uma vantagem em alguns casos, porque você busca compensá-la, por exemplo, desenvolvendo incríveis habilidades de comunicação verbal, aprendendo como delegar ou ser um bom líder.

Na obra, ele conta sobre o fundador do Virgin Group, Richard Branson, que alegou que a razão de ser quem é deve-se a sua dislexia. 80% dos empreendedores disléxicos foram capitães de equipes esportivas na faculdade, enquanto apenas 27% dos empreendedores não disléxicos tiveram essa posição. Gladwell justifica que desde o começo da vida, eles foram forçados a criar coalizões.

No livro, Gladwell descreve ainda um estudo famoso, dos anos 1920, no qual o pesquisador Lewis Terman avaliou 250 mil crianças do ensino fundamental da Califórnia e descobriu que 1,5 mil delas tinham QI de gênio. Pensando ter encontrado os líderes intelectuais do futuro, ele as acompanhou por toda a vida. Para sua decepção, 40 anos depois, constatou que não havia localizado nenhum líder intelectual.

Mas o interessante revelado pelo autor é que há um princípio nas pesquisas especializadas que diz que para ser bom em algo que seja complexo cognitivamente, você tem de investir cerca de 10 mil horas praticando. Gladwell explica que de certa forma, isso é senso comum: você precisa trabalhar duro para ser bom em alguma coisa. Mas o que há de interessante é o número: 10 mil horas equivalem a dez anos de trabalho em algo durante quatro horas por dia.

Ele diz, ainda, que deve-se também ter certo nível de renda familiar. Como essa marca é muito difícil, poucas pessoas a atingem. Um exemplo de alguém que alcança essas 10 mil horas é um médico especialista, mas como ele consegue? Com os terríveis, mas necessários, períodos de residência. Para ele, "É o número de pessoas que desejam acordar às 5 horas da manhã e trabalhar até as 20 horas. Porque, para conseguir as quatro horas do que se chama 'prática deliberada', seria preciso trabalhar 12 horas todo dia. Você ainda tem de cuidar de todas as outras atividades que são necessárias para conseguir aquelas quatro horas de esforço brilhante. Uma vez que se percebe quão limitante esse fator é, acaba-se entendendo que o trabalho realmente criativo é o resultado ordinário de uma quantidade extraordinária de esforços depositados em algo", justifica.

Ou seja, é preciso estar disposto a fazer, refazer, inventar e reinventar. Sempre. Isto é o que Gladwell chama de "insatisfação positiva" com aquilo que se aprende. "Você tem de constantemente voltar e rasgar o que aprendeu e tentar reconstruí-lo de um modo mais interessante". Ele cita o exemplo de Tiger Woods, que depois de ter atingido a maior pontuação da história do golfe, mudou completamente sua tacada. Ele essencialmente começou tudo de novo e as pessoas ficaram chocadas. "É esse tipo maravilhoso de insatisfação útil que empurra os fora de série para frente", conclui.

A pergunta é: quantos de nós estamos dispostos a pagar este preço?

As 10 carreiras que trazem mais felicidade

Recentemente, o site Career Bliss revelou que bons salários não são a única razão por trás do contentamento de um profissional. Uma pesquisa divulgada pelo site mostra quais são as profissões que trazem mais satisfação nos Estados Unidos.

É importante destacar que para chegar a essa lista, foram coletadas avaliações de 200 mil profissionais sobre 70 mil empregos nos Estados Unidos. Ao todo, foram 1,6 milhão de votos em nove fatores de felicidade no trabalho. E entre os critérios analisados estavam relacionamento com o líder e colegas de trabalho, ambiente de trabalho, salário, oportunidade de crescimento na carreira e cultura corporativa.

O surpreendente é que no topo da lista, ficou a carreira de biotecnologia. A pesquisa, que foi publicada no portal exame.com, mostrou que os profissionais dessa área apontaram o relacionamento com seus pares como o fator mais importante de seu trabalho. Em segundo lugar, ficou atendimento ao consumidor. Os participantes enfatizaram que o controle sobre o próprio trabalho é o ponto mais importante da profissão. No atendimento ao consumidor, eles podem conversar com pessoas todos os dias e ter controle sobre suas próprias tarefas e decisões.

O terceiro colocado foi o setor de educação. De acordo com o estudo, os profissionais do setor são os que mais valorizam suas tarefas diárias, como trabalhar com crianças. Na pesquisa, eles avaliaram como segundo ponto mais importante das suas carreiras a maneira como faziam o próprio trabalho.

Atuar no setor administrativo de grandes empresas ficou com a quarta posição do ranking. Uma das razões para a avaliação tão positiva está na rotina diária dos profissionais do setor.

O quinto lugar ficou com os profissionais da área de compras. De acordo com os organizadores da pesquisa, a rotina permeada por negociações e decisões ligadas às estratégias da empresa traz um sentimento de satisfação para os profissionais da área.

Logo em seguida, com a sexta posição, vem a carreira de contabilidade. Nos Estados Unidos, o ponto de contentamento vai para o fato de que essa é uma área estratégica dentro das empresas.

E se é o dinheiro que faz os olhos brilharem, os profissionais de finanças tiveram que se contentar com a sétima posição. A pesquisa indicou que o contentamento deles com o trabalho está ligado ao poder que o setor traz para a sua função.

Na sequência, em oitavo lugar, as empresas sem fins lucrativos. Segundo a pesquisa, em ordem de relevância, está o fato de controlar suas tarefas diárias, relacionamentos com colegas de trabalho e o tipo de atividade que faz diariamente. Tudo sob a justificativa de fazer o bem à humanidade.

A área da saúde ficou em nono lugar, sob a justificativa de que cuidar da saúde de terceiros também traz felicidade.

Finalmente, em décimo lugar apareceu a área de Direito, que traz o salário competitivo como o principal fator de sedução, seguido por reconhecimento social e prestígio que são conferidos ao setor.

Ainda que no Brasil tenhamos outra realidade, é fato que o resultado da mesma pesquisa não seria tão previsível quanto parece. Criamos rótulos quando pensamos em uma carreira de sucesso, mas precisamos observar que movimentos o mercado está fazendo e onde podemos encaixar as nossas habilidades com os nossos desejos e aquilo que nos dá prazer. Afinal, para mudarmos o resultado, precisamos mudar o paradigma.

"Só tem sucesso no que faz quem se diverte em fazê-lo"
La Rochefoucauld

> *"Sua tarefa é descobrir o seu trabalho e, então, com todo o coração, dedicar-se a ele"*
> Buda

Capítulo 2

O que você sabe fazer bem?

Talvez você se sinta levemente inseguro para responder a essa pergunta. Ou talvez você tenha certeza absoluta daquilo que sabe fazer bem. Caso você não tenha essa resposta, a minha sugestão é fazer a pergunta para pelo menos cinco pessoas diferentes, de ambientes diferentes, também para cruzar essas respostas mais tarde e chegar a uma conclusão definitiva.

Nem sempre o que achamos que fazemos bem é o que o mundo reconhece como nosso talento. Cristina sentiu isso na pele quando abriu o seu mini ateliê de costura em casa para ajudar a aumentar a renda da família. Com uma singela máquina de costura, ela decidiu que começaria a prestar pequenos serviços como pregar botões, fazer barras e pequenos ajustes de costura para a vizinhança. Ela entendia que isso era o que tinha de melhor para comercializar, e acreditava que realmente o fazia bem.

    O tempo passou, e três anos depois Cristina já tinha uma clientela considerável no bairro onde mora. E, apesar de oferecer os serviços-padrão, ela se destacava por tratar bem suas clientes. Sempre que as recebia em sua casa, oferecia um chá, café, eventualmente, um biscoito. Nada que chamasse muito a atenção, apenas um mimo mesmo. Até o dia em que uma cliente, coincidentemente, apareceu na casa de Cristina no dia do aniversário do marido dela e teve a sorte de experimentar o bolo que Cristina tinha feito no dia anterior. A satisfação da cliente foi capaz de gerar um zunzunzum tão grande no bairro, que no dia seguinte, Cristina foi obrigada a fazer outro bolo para as clientes experimentarem. Desse dia em diante, ela nunca mais costurou. É uma das confeiteiras mais famosas e bem-sucedidas da sua cidade. Sua marca vale muito dinheiro e ela já estuda a possibilidade de criar franquias para o resto do Brasil. "Nunca imaginei que as pessoas fossem gostar das minhas receitas. Eu achava mesmo que o meu melhor estava na máquina de costura. Eu me enganei. Se eu soubesse, tinha começado bem antes".

    Cristina descobriu um novo mundo e dentro desse universo no qual ela liberou o talento adormecido, descobriu também um imenso prazer na atividade em que exerce hoje. Algo que talvez ela nunca descobrisse sozinha. Portanto, aceitar a ajuda de algumas pessoas é o ponto de partida fundamental que tanto precisamos para dar o primeiro passo. Nada na vida começa sem um primeiro passo. E acreditar no que elas dizem estimula o seu talento. É claro que algumas variáveis podem ajudar ou atrapalhar em todo esse processo, e é por esse motivo que criei um quadro com seis variáveis que podem interferir diretamente no resultado do seu sucesso: talento, recursos, vontade, prazer, ambiente e reconhecimento. Vamos falar de cada uma delas e, depois, vamos colocá-las juntas e analisar como tudo isso, simultaneamente, pode maximizar suas forças e diminuir suas fraquezas.

> "O sopro do amor fará aumentar o talento"
> *Dom Hélder Câmara*

Talento

Aptidão, vocação, dom, herança, capacidade humana, desempenho fora do comum. Você vai encontrar muitas definições técnicas para talento. Mas o fato é que as pessoas nascem com capacidades e habilidades diferentes, e essas diferenças acabam sendo conhecidas como os talentos de cada um. Ainda que alguns cientistas queiram provar que ele não existe e que a genética ainda não consegue decifrar o código genético do talento, ele felizmente existe, pode ser visto, reconhecido, tocado e, principalmente, desenvolvido. Basicamente é aquilo que você faz com muita facilidade, de uma maneira natural e intuitiva, geralmente apresentando resultados acima da média.

Recursos

Quais os recursos que eu tenho para desenvolver e apresentar os meus talentos de maneira mais profissional? Que condições físicas você tem para desenvolver os seus talentos? Quando falamos de recursos estamos falando de recursos físicos, que podem ser técnicos, específicos ou, simplesmente, condizentes com o que é necessário para que um trabalho possa ser desenvolvido e realizado da melhor maneira possível. Vamos supor que você seja um excelente desenhista. Se não tiver um papel e uma caneta, ou um computador adequado, você não poderá fazer os seus talentos trabalharem. Os recursos são a base para o nossos talentos trabalharem a fim de alcançarem resultados extraordinários, porque quando você tem talento, mas não tem os recursos necessários, você consegue resultados, ainda que estes não sejam extraordinários. O inverso, porém, não é verdadeiro. Porque se você tem os recursos, mas não tem os talentos, nada acontece. Logo, o cenário ideal é igual a talento + recursos.

Vontade

De nada adianta o talento, os recursos, se o indivíduo não tiver a vontade de fazer acontecer. Se dentro dele aquilo tudo não se comportar de maneira levemente desconfortável. Conheço pessoas talentosas que estão esquecidas em suas zonas de conforto e gozam de todos os recursos que alguém pode querer ter para ser bem-sucedido. Mas falta o principal: a vontade. E isso é algo que nem uma empresa, nem o melhor palestrante ou conselheiro do mundo poderá dar a você. A vontade é algo que nasce, cresce e morre dentro de você: ou tem ou não tem. Não dá para terceirizar. É a força que vai fazer você se levantar feliz ou encrencado todos os dias da cama pela manhã. E essa vontade tem ligação direta com o amor que você tem por aquilo que faz. Quanto maior o amor, maior a vontade de fazer acontecer. Desde que esse amor seja correspondido, isso é importante destacar. Às vezes, o amor existe, mas não é correspondido, e isso gera no indivíduo uma frustração quase depressiva. Ele ama, mas não tem vontade de fazer absolutamente nada: por medo, desilusão ou simplesmente porque a vontade é menor que o talento e os recursos. Isso pode acontecer.

Prazer

O que você mais gosta de fazer? Saber o que te dá prazer é autoconhecimento. E autoconhecimento é pré-requisito para você ser feliz e alcançar o sucesso. Confúcio já dizia: "Faça aquilo que gosta e não terás de trabalhar um único dia de sua vida". O tempo passa mais rápido, o mundo fica mais leve quando temos prazer em nossas atividades. Conseguimos até trabalhar mais quando fazemos o que realmente gostamos. É maior do que nós mesmos, acontece até em momentos inesperados. Quando você vê, já está trabalhando e nem percebeu. Isso é resultado do prazer que você tem na atividade que realiza. Ele é fundamental para você evoluir em uma carreira. A falta de prazer vai matando o indivíduo aos poucos. No início ele tolera, na sequência ele suporta e, mais tarde, ele fracassa e se descobre uma pessoa até desprezível, pelo simples fato de ter desperdiçado tantos anos de sua vida realizando algo que não o fazia feliz sob hipótese alguma. Muitas pessoas abrem mão do prazer em prol de benefícios financeiros e às vezes passam uma longa vida se culpando por não ter desafios ou por não ter ouvido o coração. Ainda que tudo isso aconteça sob excelentes condições financeiras e materiais.

Ambiente

Será que Mozart seria famoso hoje como foi na época em que viveu? Qual foi a influência que o ambiente no qual ele viveu teve sobre o seu sucesso? Será que Larry Page e Sergey Brin, fundadores do Google, teriam obtido o mesmo sucesso com o projeto da empresa deles se o tivessem feito em 1920? Ainda que não tenhamos essas respostas, podemos afirmar que o ambiente favorável ou desfavorável pode fazer toda a diferença quando falamos de carreiras bem-sucedidas. Você estar na hora certa e no local certo faz muita diferença sim. Conhecer as pessoas certas, viver na época adequada e se adaptar ao novo são quesitos que fazem a variável ambiente ser tão importante. O ambiente influencia seus indivíduos, e isso pode ser para o bem e para o mal. Precisamos ter discernimento, porém, para saber como tirar o melhor proveito dessa força, que pode ser lida, ainda, como o clima organizacional de uma empresa também.

"Há duas coisas que as pessoas desejam mais do que sexo e dinheiro: elogio e reconhecimento"
Mary Kay Ash

Reconhecimento

A palavra reconhecimento sugere uma série de práticas diferentes. Pode ser desde o quanto as pessoas entendem o seu talento, a um "muito obrigado", ou ainda um cheque com um valor legítimo que confere a alguém um prêmio ou um bônus ou uma homenagem. Reconhecer é conhecer novamente, é mostrar que algo é aceito e que tem o aval de uma comunidade, sociedade ou grupo de pessoas. É como se fosse um agradecimento recompensado de alguma forma. O que é reconhecimento para você? Definitivamente, reconhecimento é uma necessidade básica de todo e qualquer trabalhador, independentemente do seu nível hierárquico, status, cultura ou salário.

As seis variáveis do sucesso e seus cenários

Se juntarmos essas seis variáveis, podemos construir muitos cenários diferentes. Este pode ser um bom exercício para você fazer mais tarde para se autoavaliar. Um cenário ideal é aquele que apresenta todas as seis variáveis em formato crescente, conforme mostra a figura a seguir:

↑ ↑ ↑ ↑ ↑ ↑

Talento   Recursos   Vontade   Prazer   Ambiente   Reconhecimento

Observe que todas elas estão com a seta para cima. Esse cenário representa o indivíduo que tem talento, recursos, vontade, prazer, ambiente e reconhecimento. Teoricamente, um indivíduo que já atingiu o sucesso em sua carreira. Mas não se engane. Há pessoas que têm tudo isso e, ainda assim, são infelizes. E todas têm os seus motivos para isso.

Gerson é um exemplo típico. Desde criança era destaque no futebol da escola, cresceu treinando para ser um grande jogador. Ele tinha talento, teve grandes patrocinadores, vontade nunca faltou para chegar lá. Ele definitivamente amava o futebol, tinha um ambiente propício para o seu desenvolvimento e teve todas as formas de reconhecimento: dinheiro, carinho do público e dos amigos. Mas até hoje ele se culpa por estar jogando fora do país no dia em que sua mãe faleceu. Para ele, não existe sucesso completo que possa compensar o que ele julga ter sido uma falha com a família.

Nicole é uma diretora que trabalha há 19 anos na mesma empresa e não se sente mais desafiada. Todas as atividades dela já são realizadas no piloto automático, ainda que tenha prazer em desenvolvê-las. Ela conta que sempre foi reconhecida, que soube explorar seus talentos, teve todos os recursos necessários para crescer, um ambiente favorável e vontade de fazer. Ela chegou ao topo da carreira nessa empresa e a falta de desafio, de ter algo novo para aprender, está abalando sua motivação. Hoje, ela não tem coragem de abandonar o trabalho porque sabe que o salário que ganha é o "sonho de consumo" de pelo menos 90% da população brasileira, mas garante que o dinheiro não traz mais a felicidade dela. "Chega um momento no qual você já chegou lá, e agora o 'lá' precisa de uma nova configuração. Não é o dinheiro que me falta, mas aquele frio na barriga, o tesão de me perguntar: será mesmo que vou conseguir?".

A chave da motivação é o motivo. Há um vazio que precisa ser preenchido de alguma forma. Talvez até pela reinvenção profissional que Peter Drucker tanto defendia. No livro *A administração da próxima sociedade*, o autor afirma que o dinheiro é tão importante para os trabalhadores de conhecimento quanto para qualquer outra pessoa. A diferença é que eles não o aceitam como critério supremo de medição, nem consideram o dinheiro um substituto do desempenho e da realização profissionais. "Em forte contraste com os trabalhadores de ontem, para os quais um emprego era acima de tudo um meio de vida, os trabalhadores de conhecimento, em sua maioria, veem seu trabalho como sentido de vida". E isso vai se refletir cada vez mais nas gerações Y e Z.

Ainda que seja difícil, não é impossível encontrarmos indivíduos afundados no gráfico a seguir, em que todas as variáveis apontam para baixo. Esse, certamente, é o pior de todos os cenários, e o resultado dele é um conjunto quase vazio em termos de sucesso, se pensarmos na carreira de um indivíduo:

↓	↓	↓	↓	↓	↓
Talento	Recursos	Vontade	Prazer	Ambiente	Reconhecimento

Sem talento, sem recursos, sem vontade, sem prazer, sem ambiente e sem reconhecimento. Pode este indivíduo ter sucesso? A resposta mais provável é não.

Certa vez, a revista *Época Negócios* publicou que Jack Welch, eleito pela *Fortune* o administrador do século, não mostrava nenhuma inclinação específica para os negócios, nem mesmo quando já contava vinte e poucos anos. Eles disseram que Welch foi uma criança muito boa no que fazia em sua cidade natal, Salem, no estado de Massachusetts. Tirava notas altas, embora "ninguém jamais tenha me acusado de ser brilhante", diria ele mais tarde. Foi também capitão dos times de hóquei e de golfe nos tempos do antigo ginásio.

Seu histórico era suficiente para que fosse admitido em qualquer uma das melhores universidades do país, porém sua família não tinha os meios necessários para isso, o que o levou a estudar na Universidade de Massachusetts. Ele não se formou em administração, nem em economia, mas em engenharia química. Depois, foi para a Universidade de Illinois e se doutorou também nessa disciplina. Aos 25 anos, idade em que começou a tomar mais contato com o mundo real, Welch ainda não sabia muito bem que direção seguir.

Foi, então, entrevistado pelo corpo docente das Universidades de Syracuse e West Virginia. Por fim, decidiu aceitar uma oferta de trabalho em uma unidade de desenvolvimento do setor químico da General Electric. Seria uma tarefa muito difícil procurar, nessa época, algo na biografia de Welch que desse alguma pista de que ele se tornaria o administrador mais influente do seu tempo.

Ainda que tenhamos uma série de regras, para todas elas sempre existe uma exceção. Você pode ser uma delas, mas não se prenda nisso para justificar o que já aconteceu ou deixou de acontecer na sua vida. Combinado?

Vejamos agora o caso de Bill Gates, também publicado pela revista *Época Negócios*. Um dos homens mais ricos do mundo e símbolo de uma revolução econômica radical, oferece uma perspectiva promissora para quem deseja explicar o sucesso pelo talento. Seu fascínio pelos computadores vem da infância. Gates tinha 13 anos quando criou seu primeiro software. Era um programa que jogava o jogo da velha. Ele e seu amigo Paul Allen, com quem mais tarde fundaria a Microsoft, estavam sempre tentando descobrir um meio de aumentar o tempo de uso do computador nas máquinas pesadonas daquele tempo. Os dois abriram um negócio, o Traf-O-Data, para produção de computadores cuja função seria analisar os dados dos monitores de tráfego espalhados pelas ruas das cidades. Gates disse que o equipamento funcionou, mas ninguém o comprou.

Mais tarde, foi para Harvard, onde continuou imerso no mundo da informática, que evoluía vertiginosamente. É evidente que os primeiros interesses de Gates o levaram diretamente à Microsoft. O problema é que nada na história permite entrever habilidades fora do comum. Como ele próprio fez questão de observar, uma multidão de jovens estava interessada nas possibilidades dos computadores naqueles dias. Havia uma legião de nerds em Harvard com plena consciência da revolução tecnológica em curso.

Que pista havia de que Gates se tornaria o rei de todos eles? Resposta: nada em especial. Se analisarmos mais de perto a questão, veremos que o conhecimento que ele tinha sobre software talvez não tenha sido o dado mais importante para seu sucesso. As habilidades mais importantes foram sua capacidade de lançar um negócio e recorrer, em seguida, às múltiplas capacidades necessárias para administrar uma grande empresa. A Traf-O-Data teve sua importância, mas será inútil procurar no jovem Gates sinais de habilidades em escala mundial.

Ele não tinha talento, recursos disponíveis, muita vontade de fazer acontecer, prazer em desenvolver o seu trabalho, um ambiente totalmente favorável e, a longo prazo, o reconhecimento do seu trabalho. O quadro dele ficaria assim:

↓ ↑ ↑ ↑ ↑ ↑

Talento Recursos Vontade Prazer Ambiente Reconhecimento

Neste caso, é preciso responder à pergunta: por que você trabalha? Se o prazer for a sua grande força, é por ela que você vai longe. Lembra-se da ginasta que não tinha talento? O objetivo dela não era o sucesso, e por mais que acreditemos que 90% das pessoas buscam o sucesso sempre, temos de considerar e respeitar o conceito de sucesso para cada indivíduo.

Tenho uma amiga que abandonou a carreira para cuidar de seus dois filhos. Ela é super feliz e realizada. E se você perguntar para ela o que é sucesso, ela certamente responderá que é fazer o que ela faz. Não podemos julgar os conceitos individuais, porque eles são pautados nos valores dos seres humanos. O mais importante é que você se sinta feliz fazendo o que você faz hoje.

Vamos imaginar agora outro cenário:

↑ ↓ ↑ ↑ ↑ ↑

Talento Recursos Vontade Prazer Ambiente Reconhecimento

Neste caso, você deve usar o seu talento e maximizar o ambiente em seu favor, a fim de otimizar o reconhecimento e trazer a conquista de recursos como consequência direta do resultado apresentado. Use o seu talento a seu favor.

Vamos aprofundar um pouco mais nosso estudo e imaginar que no seu caso o que mais falte seja a vontade:

Capítulo 2 – O que você sabe fazer bem?

↑	↑	↓	↑	↑	↑
Talento	Recursos	Vontade	Prazer	Ambiente	Reconhecimento

Como já dissemos anteriormente, sem automotivação nada vai acontecer. Tente descobrir as causas da sua falta de vontade. Existe alguma relação entre o seu prazer e a sua vontade de fazer as coisas acontecerem? Ou será mesmo que o medo é o único motivo que faz com que você se autoboicote? É muito importante você encarar as suas respostas. Isso vai ajudá-lo a seguir em frente em novas descobertas durante o nosso estudo.

Pode ser ainda que você descubra que tem vontade, mas que não encontra prazer no que está fazendo:

↑	↑	↑	↓	↑	↑
Talento	Recursos	Vontade	Prazer	Ambiente	Reconhecimento

Talvez seja hora de perguntar novamente: o que você mais gosta de fazer?

Zenita trabalha há cinco anos como auxiliar de supermercado para ajudar o marido que ficou desempregado. Ela não gosta do que faz e frequentemente se sente triste e com vontade de chorar. Tem dias em que tem raiva de tudo e acaba culpando outras pessoas pela sua frustração. Está sempre com a sensação de que não consegue realizar nenhum dos seus objetivos. O que ela gosta mesmo de fazer é cozinhar. Quanto tempo você acha que ela vai aguentar essa situação?

O caso de Reginaldo já é completamente diferente. Nascido na roça, no interior de Vitória, no Espírito Santo, sempre sonhou com a carreira de executivo. Filho de um casal analfabeto, ele teve o ambiente mais complicado que alguém possa ter para se desenvolver. Os pais nunca deixaram de torcer por ele, mas até hoje não sabem direito o que significa o filho ser presidente de uma empresa internacional e falar com fluência quatro idiomas. Tudo isso está longe demais da realidade da família, ainda que Reginaldo os ajude financeiramente e tenha proporcionado, ao longo dos anos, um outro padrão de vida para toda a família. Eles não têm alcance para compreender exatamente como são os pormenores do trabalho dele.

↑   ↑   ↑   ↑   ↓   ↑

Talento   Recursos   Vontade   Prazer   Ambiente   Reconhecimento

Neste caso, Reginaldo usou os recursos de que dispunha para chegar ao ambiente do qual precisava. Ele descobriu que oportunidades podem ser criadas a todo o momento quando você está de fato preparado.

Thiago, por exemplo, é um jovem programador que acha que é menos reconhecido do que o guardador de carros da sua rua. Ele alega que por melhor que faça o seu trabalho, ninguém nunca vai reparar. "Quem repara que o *Word* é bem-feito? Que o site funciona bem?". Ele reclama que é muito cobrado, pressionado e, mesmo assim, tudo o que escuta é algum tipo de reclamação. Eu me contentaria apenas com um "muito obrigado". Veja o gráfico dele:

↑   ↑   ↑   ↑   ↑   ↓

Talento   Recursos   Vontade   Prazer   Ambiente   Reconhecimento

É possível que você comece a questionar o seu talento em função da falta de reconhecimento. Afinal, o que é reconhecimento para você? É dinheiro, fama, poder, elogio, agradecimento? Será mesmo que alguém poderá reconhecer o seu talento se nunca souber que ele existe?

Este também é o seu papel: mostrar os seus talentos para colher reconhecimento. Muitas vezes, o que falta é você se valorizar para que os outros possam valorizá-lo. Obviamente que tudo com muito bom senso, um pouco de marketing pessoal, e sem excessos.

Nos gráficos que acabamos de estudar, trabalhamos as variáveis separadamente, mas pode ser que você esteja num momento de sua carreira em que duas variáveis ou mais estão para baixo simultaneamente ou vice-versa. Como avaliar esses quadros específicos? A minha sugestão é que você comece a dar pesos para as variáveis. Por exemplo: que peso tem o meu prazer em relação a minha vontade? O talento é o que eu tenho de mais importante a oferecer? Você pode estabelecer essas correlações. Comece fazendo o exercício a seguir.

Exercício: a realidade como ela é

Atribua três características de cada lado da tabela. Dê pesos para cada resposta e, ao final, reflita se este tópico teve resultado positivo ou negativo.

TALENTO	
REALIDADE COMO ELA É Talentos que eu tenho	REALIDADE COMO EU GOSTARIA QUE FOSSE Talentos que eu gostaria de ter

RECURSOS	
REALIDADE COMO ELA É Recursos que eu tenho	REALIDADE COMO EU GOSTARIA QUE FOSSE Recursos que eu gostaria de ter

VONTADE	
REALIDADE COMO ELA É O que eu tenho vontade de fazer	REALIDADE COMO EU GOSTARIA QUE FOSSE O que eu gostaria ter vontade de fazer

PRAZER	
REALIDADE COMO ELA É O que eu mais gosto de fazer	REALIDADE COMO EU GOSTARIA QUE FOSSE O que eu deveria gostar de fazer

AMBIENTE	
REALIDADE COMO ELA É No que o meu ambiente me favorece	REALIDADE COMO EU GOSTARIA QUE FOSSE No que o meu ambiente poderia me favorecer

RECONHECIMENTO	
REALIDADE COMO ELA É Como sou reconhecido	REALIDADE COMO EU GOSTARIA QUE FOSSE Como gostaria de ser reconhecido

Agora, monte o seu gráfico com as setas e, em seguida, analise o seu resultado tomando como base os recursos estudados até agora:

Talento   Recursos   Vontade   Prazer   Ambiente   Reconhecimento

"Enrolation"

Uma pesquisa exclusiva feita pela revista *Você S.A.* em parceria com Christian Barbosa, especialista em gestão do tempo e fundador da Consultoria Triad Os, ouviu 1606 pessoas para descobrir como os profissionais usam o tempo no trabalho. Eles descobriram que 40% procuram um novo emprego durante o expediente, 20% estão infelizes com o trabalho e não se concentram e 18% ganham mal e só enrolam.

A conclusão é a de que a falta de significado no trabalho pode desmotivar os profissionais e fazer com que adiem ao máximo a realização de tarefas. Quem não se sente realizado não se concentra e usa mal o tempo. Os gestores devem tentar ajudar esses funcionários e mapear se estão no setor errado, por exemplo.
Aqui temos um sinal de alerta. Geralmente quem não se concentra, acaba cometendo erros acima da média ao executar tarefas relativamente simples. Se você se identifica com esse cenário, isso pode significar que você não gosta muito do que faz.

Como transformar talento em desempenho

Você tem ideia do que aconteceria se homens e mulheres gastassem mais de 75% do seu tempo, todos os dias no trabalho, usando suas melhores habilidades e engajados em suas tarefas preferidas, basicamente fazendo o que querem e têm capacidade de fazer bem?

Levantamentos mostram que, num dia típico de trabalho, apenas 17% das pessoas nos Estados Unidos usam as capacidades nas quais são boas e apenas 21% dos dirigentes escolhem reforçar os pontos fortes. A pergunta é: entre excelência e fracasso, por que a maioria das empresas decide concentrar tempo e recursos no fracasso?

Cultura que vem da escola – Marcus Buckingham, uma das autoridades mundiais em produtividade, gerenciamento e liderança, afirma que se quisermos que as pessoas usem seus pontos fortes, mais especificamente em suas vidas, que deem uma contribuição mais duradoura, inovadora e significativa, temos de começar pela educação e não pelo local de trabalho. Pode parecer estranho, mas tem sentido, já que muito do que acontece nas escolas é feito não para ajudar a criança a descobrir seus talentos naturais e alavancá-los, mas sim para transferir habilidades e conhecimento. Buckingham diz que a essência deveria ser ajudar a descobrir as qualidades únicas que cada criança tem e como encontrar uma forma por meio da qual as crianças pudessem contribuir com isso. "Quando você estuda os grandes professores, percebe que a maioria deles é muito parecida com grandes executivos e líderes", declara. Ele sustenta que ambos trabalham da mesma maneira. "Eles dizem: 'Como esta criança aprende, para o que ela é atraída, o que desperta nela um forte sentimento de aspiração? Vamos descobrir um jeito de adaptar o que fazemos às necessidades dessa criança'".

A diferença entre bons líderes e líderes medianos – Mas qual a ligação entre funcionários engajados, produtividade, lucro, satisfação do cliente e taxa de turnover? Buckingham dá a dica: boas equipes têm sempre um grande gerente. E a duração da permanência de um profissional em uma empresa depende muito da qualidade de sua liderança. Ele explica que a diferença entre grandes gerentes e outros medianos é que os grandes focam nas fortalezas enquanto os pequenos trabalham nas fraquezas, identificando os pontos fracos dos funcionários e buscando falhas para serem remediadas. Além de acabar com a autoestima individual, esse líder mediano mantém o foco justamente no fracasso, o que acontece na maioria das empresas do mundo.

Em sua pesquisa iniciada com uma sondagem de 80 mil gerentes conduzida pela Gallup Organization, seguida nos dois últimos anos de estudos minuciosos com entrevistas junto aos líderes de maior desempenho do mundo, constatou que apesar de haver tantos estilos de gestão quanto o número de gerentes, há uma qualidade que diferencia os realmente grandes: descobrir o que é peculiar a cada pessoa e tirar proveito disso. Ele compara a um jogo de xadrez, afirmando que um gerente típico joga damas, enquanto o grande gerente joga xadrez.

Eficiência, competência e sucesso – Ao contrário do que se pensa, as pessoas não crescem mais apostando em suas áreas de fraqueza, e sim apostando nos seus pontos fortes. É exatamente nestes últimos que residem as grandes chances de melhoria profissional e onde estão as oportunidades de crescer. É exatamente onde você deve investir seu tempo e dinheiro. Como líder, você colabora melhor com a sua equipe de trabalho quando oferece suas capacidades mais destacadas. Excelentes times enfatizam e capitalizam nos pontos fortes de cada membro. Grandes profissionais trazem o que possuem de melhor, sendo esta a contribuição mais efetiva que podem oferecer para o crescimento e a produtividade do grupo.

Seria melhor se a sociedade pudesse dizer: "a força é obtida por meio da diferença, das singularidades". Buckingham, que tem como missão criar o melhor casamento entre os sonhos dos trabalhadores e os caminhos das empresas para o sucesso, revela que para manter essa revolução viva em sua própria vida você precisa fazer o que as companhias aéreas estão sempre mandando você fazer. Você não pode esperar a empresa chegar e dizer: "Nós te ajudaremos a encontrar sua força", porque ela não vai fazer isso. Você precisa pensar no seguinte: "Nesta semana, quais são as poucas atividades que me fortalecerão?". É a resposta a essa pergunta que vai levar você ao equilíbrio do tripé: eficiência, competência e sucesso.

E, se for líder, ou dono de empresa, ao invés de punir funcionários por suas fraquezas, por que não premiá-los por suas forças?

Quatro dicas para se tornar um grande gerente:

1. Encontre o lugar e a atividade certos para cada pessoa, de acordo com suas características e personalidade.
2. Mantenha o foco nos pontos fortes de sua equipe.
3. Defina claramente seus objetivos e resultados desejados.
4. Selecione sua equipe de trabalho pelo talento potencial – não apenas pelo conhecimento ou habilidades decorrentes da experiência.

"A maior realização profissional é quando uma pessoa fica confusa com a diferença entre emprego e recreação"

Ken Blanchard

> *"Para entender o coração e a mente de uma pessoa, não olhe para o que ela já conseguiu, mas para o que ela aspira"*
> Khalil Gibran

Capítulo 3
O significado do seu trabalho

Outro dia, uma jovem profissional na casa de seus vinte anos chegou me dizendo que pediria demissão do seu trabalho. Questionei sua decisão e quis saber o motivo que a levara a pensar dessa forma. Para minha surpresa, escutei: "Minha chefe não tem coração. Já tive oportunidade de vê-la trapacear e passar por cima de algumas pessoas diversas vezes. Não quero trabalhar num lugar assim".

O cenário me fez lembrar os ensinamentos de Thomas Malone, professor de *management* da *Sloan School of Management*, do MIT, e diretor-fundador do Centro de Inteligência Coletiva do MIT, que esteve no Brasil pela HSM para falar sobre A Inteligência nas Organizações e o Futuro do Trabalho.

Na ocasião, uma das questões apresentadas pelo professor dizia respeito justamente à tomada de decisão baseada em valores. O palestrante explicou que a primeira razão para definir o que realmente importa para você é o fato de que terá de fazer mais escolhas em seu trabalho hoje do que fazia antes, e precisará pensar mais cuidadosamente sobre os seus valores antes de fazê-las.

Ele explicou que se você quer criar um negócio que realmente inspire felicidade e compromisso com os seus funcionários, clientes e outros, precisa apelar para os seus valores humanos além dos econômicos. "Se você quer mesmo tirar vantagem da capacidade de uma organização descentralizada para aproveitar a profunda motivação e criatividade das pessoas, precisa apelar para o que realmente importa a essas pessoas". Mas o que realmente importa para você?

As necessidades e as escolhas profissionais

Uma coisa que muitos querem dos negócios é dinheiro. "O dinheiro lhe permite todos os tipos de bens materiais, que vão daquelas que as pessoas precisam àquelas que elas querem". Claramente, explicou Malone, todos os administradores querem que suas empresas sejam produtoras eficientes de valor econômico. "Mas as pessoas também fazem escolhas profissionais por outras razões", reitera, explicando que talvez tenham escolhido seu emprego porque os deixa desenvolver novas tecnologias estimulantes, ter um senso de realização, passar mais tempo ao ar livre. Se levarmos em conta a Geração Y e o perfil profissional desses jovens, entendemos perfeitamente por que a percepção de um chefe com caráter duvidoso pode ser a gota d'água para se desligar de uma empresa.

O professor afirmou que os detalhes de cada indivíduo podem variar, mas as necessidades e desejos em geral são muito semelhantes, destacando os conceitos de Maslow sobre as necessidades básicas de sobrevivência que precisam ser satisfeitas. "Uma vez satisfeitas essas necessidades, outras coisas se tornam mais importantes, como: relacionamentos com pessoas, realizações e a busca de um sentido para a vida".

Malone destacou que em nosso mundo de hoje, principalmente nas regiões industriais avançadas, as necessidades básicas de muitas pessoas já foram satisfeitas. É o caso, por exemplo, de empresas como o Google, que subsidiam café, almoço, jantar, lavanderia, notebook, academia, combustível, plano de saúde e odontológico, entre outros, para manter o funcionário mais próximo e, consequentemente, passando mais tempo dentro da empresa. Portanto, essas pessoas procurarão os negócios para satisfazer suas outras necessidades. Talvez você pergunte: que outras necessidades?

E o que me fez pensar profundamente a respeito do assunto, foi o fato de o professor ter destacado que finalmente os negócios bem-sucedidos precisarão dar às pessoas uma noção de sentido em suas vidas, o que geralmente vem de um compromisso com algum propósito maior que elas mesmas. Ele acredita que, às vezes, esse sentido virá dos produtos ou serviços essenciais que a empresa fornece; às vezes, virá da maneira como a empresa fabrica seus produtos ou serviços; e, às vezes, virá da maneira decente como as pessoas tratam seus clientes e funcionários. Pode parecer demais para a nossa cabeça se pensarmos em um presente imediato e em nível de empresas brasileiras, mas é fato que esta mudança deve acontecer em todo o mundo num futuro não tão distante assim, talvez bem menos do que você possa imaginar ou compreender.

Joana começou a trabalhar como auxiliar de limpeza numa empresa de pequeno porte no interior do Rio Grande do Sul. Ela nunca tinha operado um computador ou atravessado a barreira da vassoura e dos panos de limpeza. Dois anos mais tarde, ela já era assistente administrativa e se sentia uma pessoa feliz por ter aprendido, naquele ambiente, o valor que as pessoas davam para o trabalho dela na limpeza. "Isso fez com que eu soubesse que eu poderia crescer e fazer ainda melhor do que estava fazendo. Descobri que para crescer na vida, só depende de mim mesma e dos meus próprios resultados. Foi como se um mundo novo tivesse acontecido em minha vida."

O papel e o valor do dinheiro

Malone afirmou que ninguém deveria se surpreender ao ouvir que dinheiro não é tudo e que as empresas deveriam pensar no que motiva as pessoas. "Muitos ignoram, sistematicamente, essas verdades óbvias quando pensam em negócios". E de fato, muitos pensam que o único objetivo legítimo, ou talvez o único objetivo legal para um negócio seja ganhar dinheiro. E como podemos conciliar esse ponto de vista com o fato evidente de que pessoas diferentes querem muitas coisas diferentes: algumas econômicas e outras não?

Basta fazermos uma pesquisa informal e perguntarmos "o que motiva você?". Eu tenho feito em minhas palestras esta brincadeira, com algumas opções de respostas como férias paradisíacas, um grande amor, um diploma, casamento, dinheiro e alguns outros itens. É impressionante como as pessoas valorizam coisas completamente diferentes umas das outras. Isso está diretamente relacionado às vivências e aos sonhos que temos.

Gosto do comparativo que fala que dizer que as pessoas só trabalham por dinheiro é o mesmo que dizer que só vivemos para respirar. Isso é mentira. O oxigênio é importante, mas nem pensamos muito nele enquanto vivemos nossas vidas. Ele é parte da nossa vida, e só vamos sentir falta dele, quando ele realmente faltar. Com o dinheiro é exatamente a mesma coisa. Ele deve vir como uma aplicação inteligente do uso que fazemos dos nossos talentos, habilidades e valores. Ele é pura consequência, e é provável que só ficaremos, de fato, desmotivados se ele faltar de verdade em nossas vidas.

O professor Malone ponderou tudo isso e afirmou que provavelmente teremos mais liberdade para perseguir o que consideramos mais importante para a nossa vivência. Mas também significa que você tem mais escolhas pela frente do que imagina. "Para fazer escolhas sábias, você precisa refletir sobre o que realmente importante para você". Então, esse talvez seja o grande significado do sentido da frase "colocar as pessoas no centro dos negócios". "Não significa apenas colocar mais pessoas no centro da tomada de decisão, mas, principalmente, significa colocar os valores humanos no centro de nosso pensamento empresarial".

Isso significa que cada vez mais, as empresas provavelmente competirão de acordo com a sua capacidade de dar sentido à vida das pessoas. Simples, não? Que sentido a empresa que você trabalha dá para a sua vida? O que tudo isso significa para você? Mas, por favor, responda honestamente. É para você mesmo, e não precisa contar para ninguém, se preferir. Mas é fato que nunca vai chegar onde você gostaria, se não começar respondendo a essas perguntas e se não colocar a franqueza como um de seus valores essenciais para esta jornada que pretende auxiliá-lo a obter sucesso, fazendo o que você mais gosta com os recursos que você tem.

A marca da mediocridade

Jim Collins, o mais respeitado pensador do mundo de *management* da atualidade e considerado o sucessor de Peter Drucker (ele escreveu os livros *Empresas feitas para vencer* e *Como as gigantes caem*, entre outros *best-sellers*), afirma que a marca da mediocridade não é a falta de disposição de mudar. Para ele, a marca da mediocridade é a falta de consistência crônica. Ou você nunca parou para pensar sobre as histórias de sucesso que você conhece? A maioria das histórias de sucesso "da noite para o dia" são resultado de pelo menos 20 anos de empenho.

Ele chama atenção para o fato de sempre que as pessoas começam a confundir a nobreza de sua causa com a sabedoria de suas ações – "Somos pessoas boas tentando realizar uma causa nobre e, portanto, nossas decisões são boas e sábias" –, podem se desviar mais facilmente de suas trajetórias. "Decisões ruins tomadas com boas intenções continuam sendo decisões ruins".

Collins é categórico: "Nada grandioso acontece sem paixão, e as pessoas certas exibem uma notável intensidade em suas paixões". Ele afirma que podemos contratar pessoas boas e ensiná-las a vender, mas não podemos contratar vendedores e ensiná-los a ser boas pessoas. A questão do caráter pesa muito, mas principalmente o discernimento com relação às suas obrigações e responsabilidades. "As pessoas não têm empregos, elas têm responsabilidades". E no futuro, esta será uma verdade cada vez mais presente no dia a dia das organizações sérias. Por favor, não pense que esta realidade está longe de você, porque ela pode estar sim muito mais próxima do que você imagina. Às vezes, é necessário também nos darmos uma chance para descobrirmos novas paixões.

> "Nada grandioso no mundo foi realizado sem paixão"
> *Georg Wilhelm Friedrich Hegel*

Eu me lembro quando entrei na Editora Quantum para fazer a revista *VendaMais*, eu nunca tinha feito revista antes. E confesso que voltei para casa com a nítida sensação de que não duraria mais que 60 dias lá. Era tudo muito novo, estranho e diferente. E as minhas ressalvas eram todas de origem psicológica. O medo do novo me fez acreditar, temporariamente, que aquilo não seria legal. Comecei a querer encontrar pelo em ovo. Mas a atividade foi mais forte. Os quase sete anos em que trabalhei naquela empresa foram motivo de muita felicidade e realização para mim e para a minha carreira. Aprendi a amar verdadeiramente cada indivíduo que trabalhou comigo. Eu me apaixonei tremendamente por aquilo tudo, e foi lá que eu descobri que era o momento de desmembrar a minha carreira para algo maior. Se eu nunca tivesse me dado essa oportunidade para o "amor", não teria escrito este livro, e você não o estaria lendo agora. Pense um pouco sobre isso. Afinal, toda ação corresponde a uma reação.

As excelentes organizações sabem com clareza a diferença entre seus valores essenciais, que são aqueles que nunca mudam, e as estratégias operacionais e práticas culturais, que se adaptam continuamente ao mundo em constante evolução. Se a meta não estiver em conexão com um profundo porquê, ela poderá ser boa, mas, em geral, não será a melhor.

Como é que se motiva as pessoas com a dura realidade dos fatos? A motivação não flui basicamente de uma visão forte? Para Jim Collins a resposta é não. Não porque a visão não seja importante, mas porque ele acredita que gastar energia tentando motivar as pessoas é, de modo geral, uma perda de tempo. "Se você tiver sucesso na implementação das descobertas, não precisará gastar tempo e energia motivando as pessoas. Se você tem as pessoas certas no barco, elas se automotivarão". A verdadeira questão passa a ser: como é que se administra de forma a não desmotivar as pessoas? Um bom começo é contratando pessoas que sejam de fato apaixonadas ou possam se apaixonar, e por outro lado, escolhendo empresas para trabalhar onde você possa se sentir pleno em todos os sentidos: amar realmente o que faz e sentir que você e a empresa, juntos, podem contribuir de alguma forma para melhorar algum aspecto da sociedade em que vivemos.

É fato que a solução para os problemas do mundo não está nas mãos de um governante e nem de uma empresa específica. Está nas mãos de todos nós, que precisamos alinhar nossos objetivos para que as coisas possam realmente acontecer com transparência, caráter e mudanças benéficas, que gerem o seu crescimento profissional, mas, especialmente, seu crescimento como ser humano.

Collins acredita que empresas excelentes e duradouras não existem meramente para gerar retorno para os acionistas. Na verdade, em uma empresa que realmente prime pela excelência, os lucros e o fluxo de caixa se tornam como o sangue e a água para um corpo saudável: são absolutamente indispensáveis à vida, mas não são a verdadeira razão da vida. Ele afirma que as empresas excelentes e duradouras preservam seus valores centrais e objetivos fundamentais, enquanto suas estratégias de negócios e práticas operacionais se adaptam infinitamente a um mundo em transformação. Esta é a combinação mágica entre "preservar o núcleo" e "estimular o progresso".

Portanto, o grande desafio é você se envolver em alguma coisa com a qual você se importe a ponto de torná-la a melhor possível – não por causa do que você ganhará, mas simplesmente porque é possível atingir a excelência. E isso vai fazer os seus olhos brilharem e o seu coração sorrir.

Collins afirma que quando todas as peças se encaixam, não só o trabalho se movimenta em direção à excelência, mas também à sua vida. Isso porque, para ele, é impossível ter uma vida fantástica, a menos que ela seja significativa. E é muito difícil ter uma vida significativa sem ter um trabalho significativo.

Vínculo superior

David Ulrich, um dos palestrantes da HSM ExpoManagement 2010 e autor do livro *The why of work* (algo como: *O porquê do trabalho,* ainda sem tradução para o português) explica que em meio ao dia a dia corrido e tumultuado, as preocupações e demandas diárias do ambiente profissional, é raro que alguém se pergunte por que efetivamente está trabalhando. Ele defende em sua obra que dar um significado ao trabalho vai além da motivação, pois é algo peculiar que está dentro de cada pessoa e deve ser explorado individualmente. Sendo assim, os mecanismos motivacionais clássicos como remuneração, apoio ao desenvolvimento profissional, plano de carreira, entre outros são complementares, pois em primeiro plano deve-se buscar este vínculo superior.

Mais que uma dúvida sobre a carreira, essa é uma reflexão sobre o ponto de vista gerencial da sua própria vida. Afinal, o que o trabalho representa para você? Que significado a empresa em que você trabalha tem para a sua vida?

Ulrich acredita que seria simplista demais dizer que se trabalha por dinheiro ou ocupação exclusivamente, bem como utópico demais afirmar que se trata de um *hobby*, mesmo para aqueles que têm todas as necessidades materiais supridas. Ele conta que depois de muitas pesquisas no mundo dos negócios, identificou-se que as organizações, denominadas por ele como abundantes, são lugares onde as pessoas encontram um significado para suas vidas e canalizam isso em valor para o mercado como um todo, não precisando, necessariamente, ser uma organização não governamental para que isso aconteça.

"Quando as pessoas encontram no trabalho um significado e um propósito não são apenas as pessoas que se sentem melhores, mas as empresas trazem mais resultados, empregados são mais produtivos, clientes identificam maior valor, investidores têm resultados melhores, bem como a comunidade. É uma relação ganha-ganha", disse Ulrich em entrevista ao site Monster.com.

Na prática, em uma empresa não é simples fazer com que as pessoas encontrem um significado para estarem trabalhando. Afinal, cada companhia possui uma cultura e um DNA diferente. Mas Ulrich resume que existem sete pontos-chave para promover a criação de um propósito, que vai além da definição de visão, missão e valores, que veremos um pouco mais à frente. Ele acredita na criação de um propósito para as pessoas dentro do ambiente profissional, fazendo uso de sete pontos-chave, que podem ser transformadas em lições para a criação de um propósito. Acompanhe:

7 lições para promover a criação de um propósito

- Identificar os pontos fortes de sua rede de colaboradores por meio de observação, relatórios e avaliações.
- Avaliar, como líder, se já criou um propósito para a companhia. Se há um motivo concreto para as pessoas irem trabalhar todos os dias.
- Incentivar o relacionamento interpessoal. Afinal, a alta performance está atrelada a isso.
- Apoiar as pessoas e as conectar por toda a organização, estabelecendo uma relação de confiança.

- Permitir que os colaboradores usem habilidades, comprometimento e valores na empresa.
- Agir de forma resiliente às mudanças, capturando aprendizados para crescer.
- Respeitar a diversidade demográfica e social.

Em face a essa realidade, Philip Kotler, pai do Marketing, salienta que com uma empresa mais humanizada, os consumidores são capazes de desenvolver um vínculo forte e singular, que transcende as transações de mercado. Se pensarmos no marketing com o cliente interno, no caso, o funcionário, temos muitos benefícios a descobrir e ofertar. Se pensarmos no cliente final, igualmente o marketing pode trazer inúmeros benefícios para os envolvidos, bem como um ciclo de ganhos.

É o que acontece com os negócios que conciliam ação social e resultado financeiro, embora esta não seja uma única vertente. Vejamos alguns exemplos:

Grameen Bank | Bangladesh – O banco popular criado por Muhammad Yunus subverteu a prática bancária convencional ao abrir mão de garantias para empréstimos. O Grameen provê crédito para os mais pobres trabalhadores rurais de Bangladesh. Com isso, combate a pobreza, catalisa o desenvolvimento local – e ganha dinheiro no processo.

Grameen Danone | Bangladesh – A *joint venture* tem como missão servir diariamente alimento nutritivo para a população subnutrida de Bangladesh. Desde 2006, a Grameen Danone fabrica um iogurte especialmente criado para suprir as necessidades nutricionais das crianças do país. Cada copinho custa sete centavos, e todo o lucro é reinvestido. Em 2009, a Danone obteve seu investimento inicial, de US$ 500 mil.

Aavishkaar Micro Fund | Cingapura – Este fundo de capital de risco busca transformar inovações feitas em áreas rurais e semiurbanas em negócios sustentáveis, que sejam socioambientalmente responsáveis e tenham grande potencial para promover transformação social. Desde 2002, essa firma injeta capital e conhecimento nos estágios iniciais de empresas com esse perfil. A palavra *Aavishkaar* significa inovação, em híndi.

Hindustan Lever | Índia – Dois de cada três indianos consomem produtos da Hindustan Lever, que atua em 20 categorias dos ramos de cuidados para o lar, higiene, alimentos e bebidas. Os produtos são populares, mas capazes de suprir as necessidades de nutrição e higiene da população de baixa renda. A Unilever detém 51,55% do capital da empresa. O resto é pulverizado entre 380 mil acionistas locais.

Aurolab | Índia – A Aurolab fornece produtos oftálmicos de alta qualidade, a preços populares, para países emergentes. Lentes intraoculares e agulhas para sutura, entre outros materiais são vendidos prioritariamente para programas de saúde oftalmológica sem fins lucrativos. Desde 1992, a Aurolab forneceu mais de 5 milhões de lentes para seus clientes na Índia e em mais de 120 outros países.

No Brasil, empresas como o Carrefour, Grupo Pão de Açúcar e Wal-Mart estão investindo na causa verde com estruturas sustentáveis que servirão de exemplo e modelo para o mercado. O Grupo Pão de Açúcar já colhe os frutos financeiros de uma loja verde inaugurada em São Paulo, e o McDonald´s segue o mesmo caminho, lançando o primeiro restaurante verde da América Latina. O Wal-Mart inaugurou o primeiro hipermercado ecoeficiente no Brasil, como mais uma iniciativa do seu programa de sustentabilidade mundial. No entanto, é muito importante lembrarmos que há outros exemplos como a causa do Câncer de Mama, o Mac Dia Feliz, entre outros, que nos mostram a incrível maleabilidade que o mercado tem para esse tipo de ação, ainda tão pobremente explorada em nosso país.

(Exemplos publicados no portal da revista *Época Negócios* em 20/01/2009).

Você se orgulha do seu trabalho?

Dan Ariely é autor campeão de vendas, economista comportamental mundialmente aclamado e professor emérito da Duke University. É também professor do MIT Media Lab e conhecido por seus experimentos sobre a racionalidade humana em diversos aspectos. No livro *Positivamente irracional*, o professor conta um dos seus mais significativos experimentos.

Ariely e sua equipe reuniram algumas pessoas para "brincarem" com Legos. Eles perguntavam aos participantes: "Quer construir um bonequinho para ganhar 3 dólares?" Em seguida, perguntavam se a pessoa faria outro por U$ 2,70. Todos disseram sim. Então, traziam a seguinte questão ao participante: "Quando você terminar o experimento, vou desmontar todos os seus Legos e devolver para a caixa. Quer continuar mesmo assim?". Ele conta que aos poucos, as pessoas foram desistindo. Enquanto eles montavam o segundo bonequinho, viam que alguém estava desmontando o primeiro, e a noção de desmotivação começava a aumentar. Algo como "você monta e eu destruo".

Mas o que acontece com as pessoas que trabalham nessas condições? Ariely mostrou que numa condição com significado, as pessoas construíram onze bonecos na primeira rodada e sete na segunda. Num segundo experimento, disseram e pediram para prever quantos bonequinhos a pessoa iria construir na segunda condição. Na previsão dos estudiosos, essa diferença seria de apenas uma unidade, mas acabou sendo muito maior.

Ariely explica que você pode reconhecer o fato de que o significado é importante, mas ele ainda é muito subestimado. Ele ressalta que as pessoas sempre acham que ele é menor do que é na realidade. "Além do pagamento, as pessoas que não gostam tanto assim de brincar com Lego vão construir menos, e aqueles que adoram Lego construíram muito mais unidades do que os outros". Com essa manipulação da destruição do trabalho das pessoas diante dos seus olhos, conseguiram destruir a alegria e o prazer das pessoas, mesmo as que adoram Legos.

Para Ariely, muitas vezes, quando falamos sobre significados no trabalho, imaginamos coisas grandiosas, mas estamos falando de significado em coisas de escala menor. "Se você quer desmotivar o seu funcionário, triture o trabalho dele. Essa é a condição ideal. Ignore o que eles fazem, sem dar qualquer reconhecimento", aconselha, reconhecendo que muitas vezes as empresas fazem o pior: destroem o significado do trabalho de seus colaboradores. E depois ninguém sabe por que os funcionários não rendem na empresa nem 50% de sua capacidade. Ariely afirma que a motivação natural das pessoas vem do orgulho do que fazem.

Por que você trabalha?

Ainda que a principal preocupação dos brasileiros seja manter o emprego, ter estabilidade, pagar as dívidas e sustentar a família, não dá para negar que existe um esforço tremendo para se considerar o ambiente profissional um local onde devemos buscar não só o sustento, mas também a realização. Mas será que essas são realmente coisas compatíveis?

Teresa Amabile, que é especialista em Criatividade e professora da Harvard Business School, e já trabalhou em projetos de inovação de processos e de melhoria da qualidade e produtividade com mais de 300 equipes em diversas empresas, formou sua opinião sobre o que faz com que os trabalhadores se tornem pessoas felizes, criativas, dedicadas e produtivas.

A professora afirma que além de uma remuneração justa, um ambiente de trabalho saudável e estimulante é a diferença que atrairá e conquistará os talentos necessários para se aproveitar as grandes oportunidades que o momento oferece. Amabile destaca que é preciso que existam ainda as seguintes características:

Reconhecimento – Um elogio sincero e oportuno tem um impacto muito positivo sobre a autoestima dos trabalhadores. Quando concluem uma tarefa com êxito, é o que eles esperam de seu chefe.

Respeito – Tratar os trabalhadores como adultos responsáveis e ser justo e leal na convivência e nas negociações com eles.

Confiança – O lado prático do respeito. As pessoas podem necessitar de orientações, mas devem saber que seu chefe confia nelas para realizarem as suas tarefas com responsabilidade.

Crescimento individual – As pessoas querem evoluir e enfrentar novos desafios. Elas devem ter oportunidades para aplicar seus talentos, aprender coisas novas e desenvolver suas habilidades.

Ambiente saudável – Trabalhar com pessoas que respeitamos e gostamos, chefe e colegas, é muito importante para manter o equilíbrio emocional e ter um dia de trabalho estimulante, agradável e produtivo.

Sentimento de propósito – As pessoas gostam de saber que estão contribuindo para alguma coisa valiosa. Elas necessitam saber quais são as intenções estratégicas da organização e como suas contribuições individuais se encaixam no todo.

Coerência e persistência – as pessoas esperam que seus chefes ajam de acordo com suas próprias palavras e sejam persistentes em seus objetivos.

A professora enfatiza e defende que os trabalhadores estão cansados dos modismos efêmeros, de embarcarem em canoas furadas que são abandonadas nas primeiras dificuldades. Neste momento, em que as empresas enfrentam uma enorme deficiência de trabalhadores qualificados, principalmente no Brasil, e travam uma dura batalha para recrutar e manter os trabalhadores mais experientes, talentosos e criativos, é de vital importância estarem atentas às suas necessidades e aspirações profissionais.

> "A sabedoria é um casamento, uma sinergia,
> entre o coração e a mente"
> *Stephen Covey*

Jorge é vendedor e diz que ama o trabalho dele porque a maior recompensa não é o que ganha, mas o que o trabalho proporciona. "Amo meus colegas de trabalho porque faço parte de uma equipe". Para ele, amar o seu próprio trabalho é saber também conquistar mais do que clientes, e sim amigos – que sempre voltam a comprar seus serviços prestados.

Teste da longevidade

Mas como avaliar se uma empresa tem chances de ser duradoura em sua vida? Você pode começar respondendo às seguintes perguntas:

- Você se sente bem dentro da empresa?
- Você consegue ser você mesmo em qualquer situação ou o ambiente/pessoas influenciam o seu comportamento lá dentro?
- Existe algo em que você acredita nos princípios da empresa?
- Você consegue se imaginar fazendo o que mais gosta lá dentro?
- Os valores desta empresa estão alinhados com os seus valores?
- Existe alguma sinergia entre você e as pessoas que trabalham lá?
- Há espaço para você crescer/se desenvolver?
- A empresa oferece um plano de carreira e de salários?
- As instalações da empresa são adequadas para que o trabalho possa ser bem desenvolvido?
- O ramo de atuação está em crescimento?
- Esta é uma empresa confiável?
- Você teria orgulho de trabalhar lá?
- Você recomendaria esta empresa para um amigo ou para um irmão trabalharem?

Trabalho e vida pessoal

Em 2008, uma pesquisa realizada no Reino Unido revelou que a felicidade no trabalho depende de um conjunto de manobras por parte das empresas. Na ocasião, 57% das pessoas decidiram se manter no emprego porque tinham um grande interesse pelo trabalho que desenvolviam, 56% ficaram graças ao bom relacionamento com os colegas, 48% porque sentiam que, no atual emprego, tinham qualidade de vida e conseguiam equilibrar trabalho e vida pessoal e 44% ficaram no emprego porque o salário era compensador.

"Poucas coisas causam mais medo do sucesso que uma sensação de que, se seguir seus sonhos, você estará traindo as pessoas que você ama"
Anne B. Fisher

> *"Um gênio é uma pessoa de talento*
> *que faz toda a lição de casa"*
> Thomas A. Edison

Capítulo 4

Que influência o DNA da empresa tem sobre você?

"Se uma empresa demonstrar que tem os valores iguais aos meus, eu caso com ela". A declaração publicada numa revista de negócios brasileira veio de uma jovem *trainee* de multinacional. E o que parece complicado, grosso modo, se faz parecer assim tão simples. Será mesmo que um casamento envolve só os mesmos valores? O que mais importa na hora de você selecionar alguém para passar o resto da vida junto a você?

Com as empresas não é diferente. O que mudou com o tempo foram os movimentos das gerações. Da mesma forma que antigamente casamento era para vida toda, em meados da década de 80, já se valorizava bastante o profissional que tivesse passado por muitas empresas diferentes. Na época, acreditava-se que isso era sinônimo de experiência. E não por coincidência, foi uma década na qual se registrou uma geração infeliz no casamento também. Veja que coincidência esquisita.

Hoje, sabemos que essa troca constante pode ser considerada algo negativo, dependendo da empresa em que trabalha, do cargo exercido e da estratégia da sua carreira. Passar mais de 10 anos em uma única empresa já pode novamente significar sabedoria e experiência. Por que não, realização?

Veja só o que aconteceu com José, que entrou na onda de ficar trocando de empresa porque achava justamente que poderia abrir o seu campo de visão profissional se tivesse experiências múltiplas. Ao longo de sete anos, trabalhou em quatro empresas, em diferentes cargos e áreas de negócios. Ele conta que a empresa onde começou sua carreira, até hoje deixa saudades. "Cada vez que eu mudo de empresa, no fundo o que eu procuro é o clima organizacional parecido com o que aquela primeira empresa me oferecia. Eu nunca fui tão feliz em minha vida, e lá eu poderia ter crescido tanto quanto cresci aqui fora, só que eu não sabia disso. Tinha sede de experiências novas e diferentes. E a experiência que adquiri do lado de fora foi muito válida, mas me mostrou, principalmente, o quanto eu era feliz e não sabia".

A natureza do ser humano nos faz querer mais e buscar mais. E isso não é de todo ruim. Obviamente, esse cenário ainda é muito melhor que ficar estagnado na zona de conforto, mas existe algo que é muito precioso e que temos de levar em conta cada vez que pensamos em mudar de instituição: qual é o DNA da empresa em questão? Qual é o meu DNA? Será que a genética vai produzir um filho perfeito nesse casamento ou você vai querer passar o resto da sua vida achando que está carregando algo imperfeito nas costas, quando esse algo é a sua própria capacidade ou incapacidade de tomar decisões assertivas?

Certo dia, um amigo da área de hotelaria me ligou para contar que tinha recebido uma proposta maravilhosa para trocar de empresa. Eu fiquei feliz por ele, tamanha era a sua empolgação, mas me limitei a desejar apenas boa sorte. Veja por quê: o hotel onde ele trabalhava era um lugar maravilhoso, onde ele tinha o respeito da equipe e, principalmente, onde ele, que é uma pessoa totalmente voltada para relacionamentos, poderia usar as ferramentas disponíveis da empresa para proporcionar experiências notáveis às pessoas influentes e clientes, e maximizar resultados de toda a equipe. Na qualidade de líder, ele se fazia valer muito bem de sua posição para conseguir tudo o que queria das pessoas de uma maneira muito natural e colaborativa. Além disso, ele ainda ganhava um salário invejável por muita gente do *trade*.

Ou seja, a visão dos donos do negócio era ampla, eles admiravam a personalidade dele e a forma como conduzia os processos, mas ele almejava mais. Queria ser mais reconhecido, queria ter uma área de atuação geográfica maior, e isso foi uma das coisas que mais pesou na decisão de trocar uma empresa pela outra. O fato de o salário ter quase dobrado foi um mero detalhe, frente ao desafio que tinha pela frente. Ocorre que essa nova cadeia de hotéis para onde ele foi trabalhar também é fruto de uma administração familiar, porém muito mais verticalizada, dura, arcaica que a outra, com uma visão de que relacionamento é desperdício de dinheiro. Quando conversamos sobre isso, ele ainda foi resistente e disse que tudo o que precisava era de tempo para transformar a cultura da empresa. Estava otimista e disse que mostraria seus resultados em breve para mim.

Ora, eu escrevi um livro sobre mudanças organizacionais, eu acredito em mudanças de fato, mas acima de tudo penso que é necessário que a empresa queira essa mudança e, francamente, entendo que a única pessoa que vê a mudança com bons olhos, nesse momento, naquela empresa, é o meu amigo, embora eu esteja torcendo muito pelo seu sucesso. Sabe por quê? Porque está no DNA dele mudar, criar, inovar e se relacionar. E não está no DNA da empresa, pelo contrário. Eles querem o profissional de resultados extraordinários que ele era no concorrente, oferecendo a ele um ambiente corporativo completamente diferente e desfavorável para a forma que ele trabalha. Talvez aqui estejamos respondendo àquela pergunta que todo mundo faz: por que fulano era tão bom naquela empresa e na nossa ele é mais um?

A resposta é clara: DNA. Ou seja: não adianta você querer se casar com alguém que é completamente diferente de você achando que com o tempo vai mudar essa pessoa, porque o máximo que pode conseguir é um meio termo. Com raras exceções, conseguimos mudar o DNA de alguém sem precisar fazer esse indivíduo, ou empresa, nascer de novo. Mas que fique bem claro: são exceções, e a chance de você ser o grande ganhador da loteria é de uma em um milhão, ainda que a sorte possa aparecer, sim, para todos. Mas não conte com ela. Eu realmente torço pelo meu amigo, mas tenho certeza absoluta que o DNA dele estava de fato mais alinhado com a empresa na qual ele trabalhava anteriormente.

Antes de continuarmos, quero esclarecer exatamente o significado da palavra DNA sob o ponto de vista empresarial, para que confusões não sejam feitas a partir daqui. Quando falo de DNA corporativo, estou me referindo a um conjunto de valores, crenças, atributos, premissas e comportamentos que acabam conferindo uma identidade própria para determinada empresa. Trata-se de um conjunto de coisas naturais, feitas sem pensar, que acabam virando um conjunto de valores que se transformam na herança da empresa. Algumas vezes esse código genético é o mesmo do dono da empresa, o que significa que esta fica com cara, corpo e coração do dono. É o código genético que faz uma empresa ser única sob o ponto de vista corporativo e competitivo. E esse código é formado pelo que chamamos de missão, visão e valores.

Talvez você esteja se perguntando: e como é que a gente faz para reconhecer esse DNA? Eu diria que ele é muito mais sentido que tocado. Mas ele pode ser tocado sim, desde que tenha uma força surpreendente em sua missão. É interessante como aqui no Brasil damos tão pouco valor para a missão das empresas. Às vezes até achamos que esse negócio de missão, visão e valores são protocolos chatos dos cursos de administração de empresas. Ledo engano.

> "Ninguém pode fazer você se sentir inferior
> sem o seu consentimento"
> *Eleanor Roosevelt*

Missão, visão e valores

Ela está geralmente num banner na porta de entrada ou, ainda, pode aparecer impressa no crachá do funcionário. A missão de cada empresa, ao contrário do que se pensa, é o que a companhia tem de mais importante.

Ainda é fato que muitos dos funcionários que conhecem a missão de suas empresas decoraram o que leram em algum manual de boas-vindas. Mas na prática, é a missão que vai conduzir as decisões mais importantes que você vai tomar todos os dias, e é ela que vai dizer quanto de longevidade a sua empresa vai ter no mercado.

Você certamente já ouviu alguém dizer, se for para criar uma empresa, crie uma causa que as pessoas abracem e transforme isso num negócio. É exatamente esse o caminho. As pessoas dificilmente vão abraçar o seu sonho como missão delas, mas a sua causa é diferente, principalmente se ela for forte o bastante para tocar os corações dos seus colaboradores. Na verdade, a missão das empresas deve refletir exatamente a alma da companhia.

E quem foi que disse que uma missão nobre não fala de lucro? Se não houver lucratividade, não há missão. Muitas vezes o que acontece é uma falta de alinhamento entre a maneira como a diretoria descreve a missão e a forma como ela é entendida pelos outros funcionários da empresa. Você sabia que apenas 15% das pessoas conhecem a missão da empresa na qual trabalham?

E, aqui entre nós, você saberia dizer agora, com as suas próprias palavras, qual a missão da sua empresa? Essa missão poderia valer para qualquer outra empresa? Então ela não vale para a sua. A sua missão precisa ser única, assim como a impressão digital de alguém. Precisa ser específica, fácil de entender e aplicável dentro da natureza do seu negócio.

Veja que interessante que é a missão do Google: oferecer a melhor opção de busca na Internet tornando as informações mundiais acessíveis e úteis. A do Wal-Mart é vender por menos para as pessoas viverem melhor. Já a da Apple é mudar o mundo através da tecnologia. E eles têm conseguido fazer isso acontecer com muita simplicidade e inteligência no mundo todo.

O mesmo pode ser aplicado aos valores: integridade, respeito, qualidade, serviços e excelência são muito genéricos. Pense em valores que possam ser aplicados dentro da sua empresa, com todas as especificidades que ela oferece. Os valores dizem respeito aos comportamentos das pessoas. É importante destacar que a missão é da empresa, mas os propósitos são das pessoas. E são os propósitos que levam ao engajamento. É o engajamento que leva aos resultados. São bons resultados que levam ao sucesso. Portanto, os propósitos devem ser claros, específicos, objetivos e envolventes. Porque é o envolvimento que vai levar ao comprometimento para a execução da visão. Você precisa saber exatamente o que a empresa espera de você, para poder se posicionar e saber exatamente o que esperar da empresa. Isso evita uma série de conflitos e frustrações.

Enquanto a missão nos mostra para onde estamos indo, e tem conexão direta com a estratégia da empresa, a visão nos mostra o que queremos ser dentro de um período, é o sonho da empresa. A visão pode ainda ser mudada de tempos em tempos. Vamos dizer que a sua visão seja: ser a maior e mais completa loja de calçados da sua cidade até o próximo ano. Como você vai fazer para chegar lá? Com uma boa estratégia, que vai fazer a ponte entre a missão e a visão. Mas atenção! Para que missão e valores trabalhem juntos a uma proposta vencedora, é preciso que se reforcem mutuamente. A ruptura entre a missão e os valores da empresa decorre de pequenas crises no cotidiano dos negócios, e isso pode destruir a sua empresa.

Uma boa declaração de missão e um bom conjunto de valores são tão reais que chegam a ser palpáveis em muitas empresas. Principalmente por aquelas que fazem a diferença e conhecem bem o significado da palavra sucesso. Particularmente, eu gosto muito dos conceitos de Robert Kaplan, professor de Harvard, que define de uma maneira muito simples as diferenças entre missão, visão, valores e estratégia:

Missão – é porque existimos
Valores – o que é importante para nós
Visão – é o que queremos ser
Estratégia – nosso plano de jogo

Importante ressaltar que a declaração pessoal de missão torna-se o DNA de todas as decisões que tomamos na vida.

Cabeça e coração

Nunca vou me esquecer de um seminário realizado pela HSM do Brasil, no qual tive a oportunidade de assistir ao grande Jack Welch. Foi um dia todo com ele e com cerca de 100 empresários mais influentes do Brasil, como se fosse uma grande sala de aula mesmo. Na época, ele tinha acabado de lançar o livro *Paixão por vencer* e muito do seu discurso estava baseado nos conceitos da obra. De manhã cedo, ele começou falando de missão, visão e valores. Foi quando um participante levantou a mão, falou a missão de sua empresa e pediu, rapidamente, que Jack fizesse as suas considerações. Empolgados pelo embalo do primeiro, mais dois ou três fizeram o mesmo, quando foram surpreendidos por um quarto empresário que levantou a mão e disse que isso não poderia ser possível, que estávamos tomando o tempo do guru com "consultoria gratuita" e que este não era o objetivo daquele encontro. Tudo isso com muita delicadeza e sutileza, diga-se de passagem. Mas o grande Welch não pareceu se abalar muito e deu continuidade para a aula com a mesma naturalidade que o fez ser consagrado o Executivo do Século XXI.

Por volta das quatro horas da tarde, nosso guru e professor já falava de diferenciação, quando um dos participantes o interrompeu dizendo que entendera perfeitamente os conceitos todos, mas gostaria de saber como colocar tudo isso na cabeça da diretoria da empresa dele. Com muita sabedoria, Jack olhou para a plateia e disse algo como: "Eu sinto muito, porque você nunca vai conseguir fazer isso. Enquanto os empresários continuarem achando que falar de missão é perder tempo, eu digo que enquanto você não conseguir colocar a missão da sua empresa no coração dos seus funcionários, dificilmente conseguirá colocar diferenciação na cabeça da sua diretoria". Eu fiquei imobilizada ouvindo tudo aquilo e, finalmente, pude compreender o alcance da palavra missão, que muitas vezes está apenas fazendo bonito no banner ou no crachá dos funcionários.

Ficou claro para mim que decorar a missão é tão ou mais frio do que não querer entendê-la. É preciso sentir a missão. E você só vai senti-la se ela tocar o seu coração. E ela só vai tocar o seu coração se alguém tiver utilizado o próprio coração para isso. Gosto de uma frase bíblica que fala que você só conseguirá tocar o coração de alguém se utilizar o seu próprio coração para isso.

É a missão que vai responder se algo deve ou não ser feito, independentemente da complexidade da decisão que você precise tomar. É a missão que vai sinalizar para onde você e a empresa estão caminhando, se juntas ou em separado. É a missão que tudo pode, é a missão que tudo faz. A missão da sua empresa toca o seu coração? Você se sente bem com os valores da empresa em que trabalha? Eles estão diretamente alinhados com os seus valores pessoais? Se a resposta for não, eu sinto muito, mas os seus dias estão contados. Não porque você será demitido, mas porque você irá se demitir dentro de algum tempo, na maior parte das vezes por livre e espontânea vontade. Chega a ser um processo até engraçado sob o ponto de vista da psicologia organizacional.

Se a resposta é não sei, minha sugestão é que você busque conhecer melhor a missão da sua empresa. Se você for o dono da empresa, existe um senso de urgência em criar uma missão. Deixe os funcionários participarem disso, eles poderão surpreender você.

Organismo vivo

A metáfora do "organismo vivo" tem sido largamente empregada para explicar a organização diante de uma perspectiva. Da mesma forma que seres vivos, a organização busca a sobrevivência e, para isso, ela precisa de recursos. As organizações, assim como os seres vivos, buscam a vida, a sobrevivência, a longevidade e a melhoria contínua.

Uma pessoa com valores muito diferentes dos valores da empresa em que trabalha é como um corpo estranho dentro de um organismo saudável. Se ele demorar demais lutando contra algo que é totalmente diferente do que está dentro dele, pode se tornar um vírus tóxico ou até mesmo se transformar num câncer, tendo de ser retirado através de uma ou mais cirurgias. Agora, se esse corpo estranho percebe que está desalinhado logo no início, pode ser expelido para fora deste organismo por livre e espontânea vontade. De maneira até intuitiva, sem muito esforço ou trauma para o conjunto envolvido.

As empresas são como corpos: precisam ser saudáveis para ter vida longa, e quanto mais forte for a missão, mais fácil de ela ser reconhecida ou rejeitada. Há empresas que têm isso tão fortemente desenvolvido, que a missão chega a ser quase palpável. Um bom exemplo são os valores do Google. A condição básica para trabalhar lá dentro é ter o perfil correspondente ao DNA da companhia. Simplesmente achar uma empresa legal, não quer dizer absolutamente nada. Você conseguiria ter disciplina e trabalhar por resultados numa empresa que oferecesse uma série de coisas que podem tirar o seu foco a todo o momento?

Diogo era um exemplo clássico de alguém que amava a empresa onde trabalhava: uma associação católica de ensino. "Eu realmente amava as pessoas, o ambiente e o meu trabalho. Tudo parecia perfeito". Mas tinha algo que todo fim de tarde incomodava Diogo lá no fundo da sua alma. Descendente de judeus e com uma família bastante ativa religiosamente falando, em algum momento ele entrava em um conflito de valores por causa da sua religião. Isso passou a perturbá-lo cada vez mais, até o dia em que a situação se tornou insustentável para ele. Não teve alternativa, a não ser pedir demissão. "Doeu muito, mas era algo mais forte que eu", relatou.

Alguns especialistas dizem que assim como nos demais organismos vivos, as células empresariais têm no mesmo DNA os genes que orientam as pessoas e os grupos em direção à "chama sagrada da empresa", à razão da sua existência, à sua missão, mesmo que cada uma pertença a um sistema ou processo organizacional diferente. E é isso o que vai dar às empresas condições de sobrevivência, crescimento e desenvolvimento em um ambiente de competitividade acelerada, à semelhança dos seres vivos que fazem isso ao longo de todo o seu processo evolutivo.

Para as pessoas, o modelo celular ou de gestão orgânica cria condições e oportunidades concretas para o real aprendizado existencial individual e organizacional, revelando novos talentos, novas habilidades, agregando novas competências à cultura organizacional.

Do mesmo jeito que as empresas fazem seleção de talentos, nós também temos de selecioná-las e sempre perguntar: esta empresa tem a ver com o meu DNA?

Identidade, coesão e continuidade

Autor do best-seller *A empresa viva: como as empresas podem aprender a prosperar e se perpetuar* e executivo da Royal Dutch/Shell Group por 38 anos, Arie de Geus é ainda professor da London Business School e um dos diretores do centro de Aprendizado Organizacional da Sloan School of Management, escola de administração do Massachusetts Institute of Technology (MIT), de Cambridge, Illinois, EUA.

Em sua passagem recente pelo Brasil, Geus afirmou que, no mundo de hoje, as empresas vivem um dilema, enfatizando que os gestores terão de tomar uma decisão sobre qual será a principal prioridade gerencial deles no futuro: optar pela maximização dos lucros ou pela longevidade da empresa?

O professor defende a ideia de que se trata de uma decisão difícil, porque o mundo mudou, e o capital tornou-se amplamente disponível, uma *commodity*. A pergunta dele foi: se o capital não é mais fator crítico nos negócios, o que é então? Para ele, as pessoas de talento é que vão determinar se a sua empresa vai fazer sucesso ou não. O professor explicou que com a abundância de capital, o que vai diferenciar uma empresa de outra é o talento das pessoas. Caso os gestores optem pela longevidade, os empresários têm de investir em qualificação e treinamento da mão de obra, formando assim seus próprios talentos. E como fazer com que a empresa dure? Para Geus, cabe ao gestor criar condições para que as pessoas se desenvolvam mais rapidamente que seus concorrentes, e isso tudo está baseado no aprendizado. E é necessário que a empresa ofereça condições para isso.

"É preciso criar um lugar onde seja possível dizer 'não sei' como resposta. Criar um sentimento de comunidade de pessoas que confiam umas nas outras e confiam na própria comunidade", declarou. Para que isso realmente aconteça, ele afirma que a empresa precisa de uma identidade e, por consequência, de coesão e sentido de continuidade.

Geus ressalta que as pessoas, as comunidades e as economias são afetadas – e até destruídas – pela morte prematura de companhias. Ele afirma que a alta taxa de mortalidade empresarial não parece natural. Nenhuma espécie viva apresenta tal discrepância entre sua expectativa máxima de vida e a longevidade média que alcança. E são poucas as instituições de outros tipos – igrejas, exércitos ou universidades – que apresentam o recorde terrível de mortalidade da empresa comercial.

E por que tantas empresas morrem jovens? O professor afirma que as provas acumuladas indicam que as empresas fracassam porque suas políticas e práticas se baseiam predominantemente no pensamento e na linguagem da economia. Em outras palavras, as empresas morrem porque seus executivos se concentram exclusivamente na produção de bens e serviços e se esquecem de que sua organização é uma comunidade de seres humanos que trabalham em uma empresa – de qualquer tipo – para se manter viva. "Os executivos se preocupam com terra, trabalho e capital e negligenciam o fato de que 'trabalho' significa pessoas de verdade".

E o que há de tão especial sobre as empresas duradouras? O professor responde: "As que eu passei a chamar de 'empresas vivas' têm uma personalidade que lhes permite evoluir harmoniosamente. Elas sabem quem são, entendem qual seu papel no mundo, valorizam novas ideias e novas pessoas e administram o dinheiro de uma maneira que lhes propicia controle sobre seu futuro". Resumindo: as empresas vivas produzem bens e serviços para ganhar seu sustento exatamente como nós fazemos por meio de nossos empregos. Na empresa viva, os membros entendem o que significa "nós" e têm consciência dos valores comuns. Eles sabem a resposta à pergunta fundamental sobre identidade corporativa: o que valorizamos? "Quem não conseguir conviver com os valores da empresa não pode e não deve fazer parte dela. A sensação de fazer parte do todo une até seus mais diferentes integrantes", afirma.

Para Geus, a essência do contrato implícito na empresa viva é a confiança mútua. Os profissionais sabem que, em troca de seu esforço e compromisso, a organização os ajudará a desenvolver seu potencial. O dinheiro não é considerado um motivador positivo em uma empresa que funciona como um rio. Se o dinheiro é insuficiente, as pessoas ficam insatisfeitas. Entretanto, aumentar a quantia de dinheiro acima do limite de remuneração suficiente não as motivará a dar mais de si. "Para que isso aconteça, os membros precisam saber que a comunidade está interessada neles como indivíduos, e eles precisam estar interessados no destino da empresa. Entidades e pessoas precisam se preocupar mais umas com as outras".

Ele afirma que as empresas vivas que aprendem têm uma chance maior de sobreviver e evoluir em um mundo que não controlam. Elas fazem sentido, principalmente, porque o sucesso hoje depende da mobilização do maior nível possível de conhecimento. Os altos níveis de tolerância que existem em uma organização viva criam espaço para mais inovação e mais aprendizado. Criar esse espaço é vital para as empresas ricas em conhecimento e pobres em ativos, como as firmas de advocacia e de contabilidade, as administradoras de cartão de crédito e as consultorias financeiras, cujo sucesso depende da qualidade da sua comunidade interna. Mas até mesmo aquele antigo tipo de organização rica em ativos, como as empresas petrolíferas e as montadoras, precisa embutir muito mais conhecimento em seus produtos e serviços hoje que há 20 anos, ou mais.

Para Geus, a empresa viva tem maior chance de durar mais e reduzir o hiato entre as expectativas média e máxima de vida da "espécie".

Expectativas x resultados

Dicas para você alinhar suas expectativas com os resultados que a empresa precisa:

- Esclareça a missão da empresa em todos os níveis hierárquicos.
- Peça para que os gerentes construam junto a suas equipes os seus propósitos.
- Explique o impacto que cada ação e o alinhamento de todas elas têm na lucratividade da empresa.
- Compartilhe a visão da companhia.
- Sempre que tiver dúvida para tomar uma decisão, faça a pergunta: está alinhado à missão da empresa?

Perguntas para você responder:

- Qual a missão da sua empresa?
- Quais os propósitos da sua equipe?
- De que forma o engajamento da equipe contribui para aumentar os resultados da empresa?
- Os valores das pessoas estão alinhados com os valores da empresa?

"O resultado final e o objeto da riqueza é produzir o maior número possível de criaturas humanas de pulmões sadios, olhos brilhantes e coração feliz"

John Ruskin

> **Sem dor**
> O psicólogo sul-africano Peter Frost, autor do livro *Emoções tóxicas no trabalho*, Editora Futura, descobriu que doenças como o câncer podem ser desencadeadas por altos níveis de estresse. Frost cristalizou suas ideias sobre dor emocional nas organizações e os efeitos sobre as pessoas que tentam gerenciá-las. Ele ressaltou que fortes emoções negativas, como a raiva, a tristeza, a frustração e o desespero podem ser particularmente "tóxicos" para o corpo humano e afetar a habilidade que o sistema imunológico tem em protegê-lo.
> E como se livrar dessa dor? O psicólogo afirma que você não se livra dela. "Todas as empresas enfrentam, uma vez ou outra, essa dor emocional. O que transforma dor emocional em toxicidade é a resposta dada a ela". Ele explica que apesar da difusão das toxinas emocionais nas empresas e de seus efeitos negativos nas pessoas e nos lucros, ninguém vai levantar o assunto, porque a discussão de emoção e dor em situações de trabalho tende a ser vista como "fraqueza" ou "moleza". Mas moleza, para ele, é fingir que isso não acontece e continuar a fazer o de sempre. Existem maneiras de fazer com que sua empresa torne-se mais saudável.
> Não basta tentar remover a dor ao seu redor. É preciso ajudar as pessoas a enxergá-la sob uma ótica mais positiva, permitindo que as pessoas superem uma experiência dolorosa. Como fazer isso? Ajustando a dor de maneira construtiva, mudando a visão de experiências dolorosas e com ensinamento empático.
> Percebe-se que a vantagem competitiva vai para as empresas que aproveitam e ampliam a energia intelectual, emocional e o comprometimento de sua força de trabalho. Frost afirma que criar ou ignorar o sofrimento humano diminui significativamente essas vantagens. Para ele, secar as lágrimas de uma pessoa pode ser tão real quanto fechar um contrato.

Laboratório Sabin: um caso brasileiro de Gestão pelo Amor*

O meu primeiro contato com Janete Vaz aconteceu em uma palestra que fiz em Brasília, em fevereiro de 2009. Na época, o Laboratório Sabin, do qual ela é sócia com a empresária Sandra Soares Costa, tinha sido eleito pela revista *Você S.A.* a 9ª Melhor Empresa para se trabalhar no Brasil. Alguns anos mais tarde, o Laboratório continua se mantendo no topo desta lista, com um crescimento fantástico sob o ponto de vista administrativo.

Mas qual será o segredo? Parece mesmo que o ato de cuidar dos colaboradores está no DNA do Laboratório Sabin, e as empresárias realmente acreditam que o "jeito família" de gerenciar as pessoas, criando vínculos emocionais e um ambiente que favorece o relacionamento é o melhor caminho para a eficiência e eficácia.

Em entrevista concedida à repórter Rose Crespo, colaboradora da revista *HSM Management – Brasil: presença na gestão que dá certo*, elas afirmaram que o investimento humano e profissional foi o ponto mais valorizado pelos colaboradores da empresa na pesquisa do *Great Place to Work*. O bem-sucedido modelo de gestão usa as mais modernas ferramentas que contribuem para o crescimento do colaborador. "Os gestores são preparados para falar a verdade, mas com amor, deixando de lado questões pessoais".

O relacionamento informal com o "olho no olho" também gera resultados positivos. Outro ponto importante: um sistema de comunicação eficaz que utiliza várias ferramentas. "É preciso falar de quatro a sete vezes de formas diferentes para que o colaborador entenda o que deve ser feito", dizem as empresárias. O Laboratório Sabin incentiva que todos os colaboradores estudem e se desenvolvam profissionalmente, fator que foi mais valorizado que o salário. "Cuidar do colaborador e ajudá-lo no desenvolvimento de sua carreira não é só responsabilidade dele, mas também da empresa. É importante que a companhia assuma a missão de ajudar no crescimento individual de seu time, o que trará resultados para a própria pessoa e para a empresa", ressalta Janete. Há premiações que estimulam a estabilidade no emprego e a fidelidade dos funcionários, desde um carro popular 0 km para quem completa 20 anos de casa até uma viagem a Porto Seguro com acompanhante para o colaborador que comemora 15 anos.

Desde sua fundação, nos anos 1980, até hoje, o Sabin já premiou quase 2 mil colaboradores. Em média, a empresa investe 18% de seu faturamento na área de gestão de pessoas, com benefícios, programa de participação nos lucros, capacitação e treinamento. Agora, a empresa aposta em práticas voltadas para a qualidade de vida. Muitas das políticas de gestão de pessoas criadas pelo Laboratório Sabin foram pensadas para atender as profissionais mulheres, que são maioria: 72% dos quase mil colaboradores.

Ao desenvolver um pacote de vantagens e condições de trabalho diferenciadas para elas, o Sabin reduziu de 28% para 12% seu turnover entre 2005 e 2009. A política de benefícios inclui auxílio-casamento, Dia da Noiva, auxílio para o enxoval do bebê e auxílio-babá para as futuras mamães. A política de premiação para os colaboradores, de acordo com seu tempo de casa, incluiu um kit de beleza e um dia de spa para quem completou seu primeiro ano. Essa dedicação se traduz em números. A empresa é líder em medicina diagnóstica na região Centro-Oeste e atingiu a marca de 1 milhão de exames mensais. De 2003 a 2009, o faturamento do Sabin registrou aumento de 365%, hoje em torno de R$ 91 milhões, com 62 unidades – entre Distrito Federal, Bahia e Goiás. O aumento de clientes nesse período também chega perto de 400%, com satisfação recorde de 99,83%.

*A matéria foi publicada na revista *HSM Management – Brasil: presença na gestão que dá certo.*

"Um bom coração e uma boa mente. É disso que você precisa para ser um bom líder"

Louis Farmer

"Quando amamos, quem julga é o coração"
Joseph Joubert

❖

Capítulo 5

Como o amor maximiza resultados

"Paixão é euforia, amor é calmaria. Paixão é rápida, amor é duradouro. Paixão é súbita, amor é progressivo. Paixão é agressiva, amor é delicado. Paixão é vendaval, amor é brisa. Paixão destrói, amor constrói. Paixão vinga, amor perdoa. Paixão é doença, amor é saúde. Paixão é dor, amor é alívio. Paixão é dúvida, amor é certeza. Paixão é loucura, amor é cura. O amor faz a gente querer ser mais, querer aprender mais para poder trocar com quem amamos novas lições de vida. O amor ajuda a superar dificuldades, enquanto que a paixão cria obstáculos. A paixão é totalmente egocêntrica, passional, escandalosa. O amor é cuidadoso, atencioso e cúmplice. Ele nos faz acreditar que a felicidade não está nas mãos de outra pessoa, e sim nas nossas mãos. Que só podemos ser felizes com alguém se conseguirmos ser felizes com nós mesmos..."

Esse trecho do texto da bióloga e escritora Dani Duarte mostra algumas diferenças entre o amor e a paixão, ainda que seja sob um ponto de vista pessoal e mais voltado para as relações interpessoais. Mas... e quando pensamos em amor ou paixão pelo trabalho, será que podemos empregar esses mesmos conceitos? É claro que sim. Estamos falando de sentimentos, e independentemente de onde eles se apliquem (se no trabalho ou se a outra pessoa), ainda assim são sentimentos, ou seja, algo que está dentro de nós e que dificilmente conseguimos criar ou anular. Simplesmente podemos sentir.

O escritor francês Balzac dizia que era mais fácil apaixonar-se por um novo amante a cada mês do que amar anos a fio a mesma pessoa. Por isso o amor verdadeiro é aquele que consegue eternizar a paixão. Só se pode falar em amor verdadeiro quando, em vez de eu e você, se diz nós. E só se pode falar em amor permanente ao se descobrir que o amor duradouro é aquele que se renova constantemente, apaixonadamente. Como alguém que descobre que ama o seu trabalho e ao mesmo tempo quer continuar aprendendo mais e sempre, todos os dias.

Quando comecei a trabalhar em televisão, era muito jovem e achava que amava tudo aquilo. Eu era realmente apaixonada, adorava os sets de gravação, as luzes, o zunzunzum, o movimento das pessoas, o frio na barriga, as entradas ao vivo, entre outras coisas, gostava até do estresse que tudo isso me trazia. Depois da segunda vez em que fui levada do estúdio direto ao hospital e lá cheguei toda maquiada, penteada e vestida com as roupas dos patrocinadores, foi que comecei a entender que aquilo tudo não passava de algo extremamente destrutivo para mim. Afinal, quem eu era, e o que estava fazendo com a minha vida? Eu lecionava todos os dias pela manhã e à noite. E à tarde fazia um programa local ao vivo das 14h às 16h. Todos os dias. Era comum eu me alimentar mal, estar sempre correndo, e não ter tempo para nada, absolutamente nada. Quando o médico me viu novamente naquele estado, ele me disse: "Alessandra, se você não tomar uma decisão por você, alguém irá tomar". Eu olhei para ele e disse:

"Doutor, eu amo tudo isso". E foi então que fiquei em crise por quase uma semana, e acabei tomando a decisão de me afastar da televisão e continuar apenas com as aulas, na época, em cursos de graduação de Comunicação. Muitas foram as pessoas que não entenderam e que questionaram a minha decisão, e agora tenho a oportunidade de explicar aqui neste livro.

Afinal, por que eu abandonei o que eu mais gostava de fazer? Simples. Porque descobri que o que eu sentia pela TV era paixão, eu ficava excitada com tudo aquilo, eu gostava de atuar e o fazia com uma facilidade invejável, mas era algo que quando as luzes se apagavam não preenchia o meu desejo de aprender e fazer acontecer algo a mais para o mundo utilizando os talentos de comunicação que Deus me deu. Eu não conseguia deixar um legado que estivesse alinhado com o meu eu interior fazendo o que eu fazia na televisão.

Por outro lado, ponderei a satisfação que eu tinha e tenho até hoje quando um aluno ou ex-aluno me escreve compartilhando o seu sucesso ou quando vence um trauma ou me diz que consegui inspirá-lo a fazer algo valioso, ou a descobrir um talento ou, ainda, vencer uma dificuldade. Isso para mim não tem preço. Isso sim preenche o meu vazio quando as luzes se apagam. Isso me faz buscar a excelência, estudar, compartilhar a cada dia. Isso me transforma numa pessoa melhor. Isso é amor verdadeiro. Algo que eu quero ter para a vida toda junto de mim.

Eu quero desenvolver pessoas por toda a minha vida. Eu quero estar com 90 anos e quero poder escrever, palestrar e aplaudir aqueles que puderam contar comigo e se tornaram campeões, ou simplesmente por terem se superado, mesmo que da forma mais simples e anônima. Isso me faz uma pessoa plena. Isso me faz confiar no mundo e nas pessoas, ainda que, muitas vezes, eu entre pelo cano ou me engane e me machuque. Ainda assim, valerá a pena.

Consegue separar o joio do trigo sem achar que precisa existir necessariamente uma Madre Teresa de Calcutá dentro de você? É inquestionável a grandeza do trabalho dela, assim como de Zilda Arns e outros que fizeram muito pelo mundo por amor. Você também pode fazer, mas comece fazendo por você mesmo. Toda grande jornada começa com um primeiro passo, e este é algo que você nunca vai poder terceirizar, independentemente do seu saldo bancário. Pergunte-se: o que preenche o meu vazio quando as luzes se apagam?

> "Todo o trabalho é vazio a não ser que haja amor"
> *Khalil Gibran*

Zenita é extremamente talentosa. Ela entende muito de moda, embora nunca tenha estudado para isso. Ela tem noção exata de cores, tecidos, modelos e é muito comum antecipar tendências. Ela vive falando: "Eu adoraria trabalhar como figurinista!". Sabe o que ela faz? Nada. Ela fica esperando alguém descobrir seus talentos. Ela não vai atrás, não estuda, não busca potencializar esse dom, porque simplesmente é acomodada. É triste, mas esta realidade existe e está muito mais próxima de nós do que imaginamos.

O que realmente diferencia o amor da paixão pelo trabalho é a profundidade do sentimento. E este também é um dos motivos pelos quais muitas pessoas que pulam de galho em galho no trabalho e acham que são felizes, porque gostam do que fazem. Gostar do que faz é importante e já falamos disso, mas aqui temos uma pergunta que é mais forte e decisiva: "Você faria com a mesma alegria para o resto da sua vida este trabalho, mesmo se não recebesse nada por isso?". Viu como muda tudo?

Você continuaria amando seu parceiro/sua parceira mesmo que ela nunca mais pudesse tocar em você e seria seu companheiro/companheira para a vida toda? Parece que estou sendo radical, mas isso é o que chamamos de amor verdadeiro, algumas mães diriam "amor de mãe", incondicional. E os cachorros são uma lição e tanto para nós. A maioria deles com frequência nos faz pensar sobre amor quando nos olham com aquela carinha linda, abanam o rabinho em festa, mesmo depois de terem acabado de levar uma surra. Não estou dizendo que você vai precisar deixar o amor-próprio de lado e muito menos virar um cachorro. Estou apenas refletindo sobre algumas questões que um dia foram importantes na minha vida, e que talvez sejam na sua também. Por isso, tenho o dever de compartilhar.

Hoje eu gravo para TVs corporativas ainda, mas esta não é a espinha condutora do meu trabalho. A pergunta é: como eu posso usar essa mídia para ajudar as pessoas a se desenvolverem? E é isso o que eu faço, então veja só: independentemente se estou na TV, no rádio, no Ipad, no jornal, no livro, no artigo ou na palestra. De qualquer forma, estou fazendo o que eu mais gosto de fazer, colocando o meu amor no meu trabalho. Mas tudo isso só é possível porque apliquei as técnicas empresariais de missão, visão e valores para mim. Minha missão hoje é muito clara para mim, mas durante muito tempo não foi, e era por isso que eu me pegava muitas vezes confusa e sem ter certeza se o que eu estava fazendo realmente me faria feliz. A missão hoje responde a todas as perguntas, e é ela que me leva ao meu sucesso ou ao meu fracasso. Mas precisei ir ao fundo do poço para encará-la face a face, para ter certeza de que ela tinha vida e poderia viver comigo, me fazendo muito feliz.

Não quero que você passe por isso, quero dizer que você precisa, sim, alinhar a missão da sua vida ao seu trabalho. Vai ser nessa associação que virá a sua grande descoberta. Invista um pouco do seu tempo nisso, eu asseguro que valerá muito a pena. Não é uma empresa que vai fazer você feliz, e nem um salário, é aquilo que você sente e o que provoca dentro de você que sinalizará se você se sente feliz ou não. A automotivação, o amor e o sucesso só virão de dentro de você se você mesmo permitir. Deixar a porta aberta pode ser uma boa, deixar a porta fechada pode ser um crime. Esperar que alguém abra a porta é uma ilusão. Quanto mais tempo você demorar, menos tempo vai ter para usufruir. Pense sobre isso!

> "O coração é uma riqueza que não se vende e não se compra.
> O coração é uma riqueza que se dá"
> *Gustave Flaubert*

Workaholic X *Lovework*

Tenho certeza absoluta que em algum momento de sua vida você já passou pela situação de estar se relacionando com alguém muito legal, mas que não preenche todos os seus vazios. E a desculpa é: mas é uma pessoa muito digna, é legalzinho, é bonito, é tão querido, é raro de se encontrar, é rico, tem muitos valores internos... e aí? Você consegue se ver para o resto da vida ao lado dessa pessoa sem que a sua vida não tenha um vazio? Quer fazer um teste? Pergunte para uma mulher se ela ama o seu homem. As que amam não vão titubear em dizer que sim, sem pensar, porque não passa pela cabeça delas algo diferente. As que não têm certeza vão titubear, ou procurar desculpas infundadas para justificar seus sentimentos. Ainda que as mulheres sejam seres mais dissimulados (em geral) que os homens, nesta hora elas são os seres mais transparentes do universo.

O que não podemos deixar acontecer é que este sentimento sufoque a ponto de ser destrutivo.

Dadas as devidas proporções, o mesmo acontece no trabalho. Os *workaholics* são pessoas que trabalham muito e são viciadas nisso. Aqueles que transferem tudo o que tem na vida para o trabalho e se afundam nele. Geralmente o realizam como mecanismo de fuga. E há uma infinidade de profissionais *workaholics* bem-sucedidos, o que é perfeitamente explicável se nos lembrarmos da explicação das dez mil horas de Malcom Gladwell. Mas... o quanto isso é saudável?

Em geral, são pessoas que focam apenas o trabalho e acabam deixando outros *gaps* em suas vidas: às vezes na vida familiar, outras no lado social, cônjuge ou, ainda, no quesito acadêmico. Não são necessariamente pessoas desequilibradas, mas que em algum momento sentem o desequilíbrio de suas vidas por colocarem todos os pratos da sua balança de um único lado. Em algum momento suas vidas serão afetadas por isso, ainda que você não acredite nessa possibilidade, considere-a, por favor.

Já os *loveworkers* são pessoas que amam o trabalho, mas que não sacrificam outras esferas de sua vida em função dele. São amantes do trabalho, mas não escravos dele. É como dizer que é preciso gostar do que faz para poder fazer o que gosta. Os *loveworkers* são mais leves que os *workaholics* e, na maioria das vezes, mais felizes também, ainda que não se comprove ou que tenhamos um bom comparativo da taxa de sucesso entre ambos no mercado de trabalho.

Se você fala com orgulho que é *workaholic*, comece a pensar que as pessoas, num futuro bastante próximo, poderão começar a olhar para você de uma maneira estranha. Já não é mais orgulho dizer que é viciado em trabalho. Esse foi um vício adquirido na década de 90, e tal qual o cigarro era legal na década de 70, hoje já pode ser considerado algo que poderia ser totalmente desprezível por grande parte da população.

Agora que você já sabe a diferença, pode descobrir se está mais para *workaholic*, *lovework* ou nenhum dos dois. Uma coisa é fato, o *lovework* tem muito mais chance de sucesso que o *workaholic*. Lembre-se: o dinheiro não é consequência de horas de trabalho, mas de produtividade efetiva.

Qual é o seu sonho?

Marcos foi um aluno que tive quando lecionei nas faculdades de Rádio e TV. Ele sempre foi um menino entusiasmado. Ama futebol, é simplesmente louco por isso. Adivinhe qual era o sonho do Marcos? Ser locutor de futebol.

E adivinha o que o Marcos fazia para pagar a faculdade? Trabalhava como assistente em uma Clínica Dentária. Ele ganhava bem, e era o único aluno da turma dele que necessariamente precisava trabalhar para pagar a faculdade. Coincidência ou não, ele sempre chegava antes dos outros alunos, e isso permitia que conversássemos e trocássemos algumas ideias antes de a aula começar.

Certo dia, Marcos chegou cabisbaixo na faculdade e eu perguntei o que ele tinha. De uma maneira bastante emocionada, ele me revelou que seu sonho era ser locutor de futebol, e que havia feito um teste em uma rádio e tinha sido reprovado. Estava tão arrasado, que queria largar tudo. Ele achava que o trabalho que tinha só servia para pagar a faculdade, mas que se a faculdade não servia para ajudá-lo a passar num teste de seleção, então iria largar tudo. Não precisava de faculdade e nem de trabalho algum. Tudo o que eu pude dizer para ele naquela manhã foi: "nunca abandone seu sonho. Abandonar seus sonhos é abandonar a você mesmo".

Apesar de ter concluído o curso e de ter abandonado o trabalho, Marcos foi um daqueles que continuou lutando pelo sonho, com mais dificuldade que as outras pessoas, porque em paralelo ele pulava de empresa em empresa para tentar se sustentar. Sabe o que ele faz hoje? Trabalha como locutor num programa esportivo de rádio. Ele acorda às 5h30 da manhã todos os dias, feliz da vida. E também tem outro trabalho para compensar a não realização financeira que o trabalho da rádio traz. Talvez ele não seja tão talentoso assim, mas conseguiu um ponto de equilíbrio entre a felicidade no trabalho e a realização financeira. Talvez você se pergunte: e por que ele não volta para a clínica em que trabalhava então, em paralelo com a rádio? Porque infelizmente essas são coisas que só a maturidade nos ensina. É preciso viver e descobrir muitas coisas antes disso. A primeira delas é a nossa semente, e a segunda é o nosso sonho. Precisamos fazer com que eles se encontrem, e isso precisa acontecer o mais rápido possível.

Que semente tem dentro de você?

Você já viu semente de abacaxi resultar em abacate? Ficou espantado com a minha pergunta? A resposta seria tão óbvia se diariamente eu não presenciasse pessoas querendo forçar abacaxi a ser parecido com abacate. Como assim?

Capítulo 5 – Como o amor maximiza resultados

Vamos mergulhar no universo corporativo e veremos o quanto é comum líderes quererem que sejamos exatamente o que idealizaram para nós. Vemos pessoas certas, mas nos lugares errados. Vemos pais médicos querendo que seus filhos sejam médicos, quando na realidade o talento ali é para ser pintor. Então, o que está acontecendo?

O Princípio da Semente estabelece que seu crescimento maior, mais rápido e mais fácil advém de suas habilidades naturais e até já falamos bastante sobre isso. Mas a diferença aqui é com relação ao próximo também. A maioria das pessoas tende a olhar as outras como se pudesse transformá-las naquilo que bem entendem. E sabemos que isso é algo quase impossível.

Na realidade, devemos olhar para dentro das pessoas, procurando ver que tipo de semente há lá dentro. Assim como uma árvore, cada pessoa possui uma semente. Que semente tem a pessoa que trabalha ao seu lado? Que semente tem o seu pai? O seu filho? O seu líder? E você?

Definitivamente temos o desejo de querer que as coisas ou pessoas sejam da forma como gostaríamos, mas temos o dever de respeitar a forma como elas se apresentam. Muitas vezes, elas são legais, e o fato de terem uma semente diferente da nossa não significa que precise gerar um conflito. Significa apenas que precisamos olhar diferente para a diversidade. Ela só traz benefícios, mas nós continuamos querendo usufruir apenas da parte ruim. É como termos uma linda e doce laranja e insistirmos apenas em comer os caroços. Por que fazemos isso?

Porque temos nossas experiências, nossas crenças, nosso DNA. E porque somos muito mais egoístas do que podemos imaginar. Continuamos semeando arroz e insistindo em colher feijão. Ou seja: pessoa certa no lugar errado, ou ainda a pessoa errada no lugar certo. Quer um exemplo? Por acaso você conhece o sonho do seu colega ao lado? Quantos gerentes conhecem os sonhos de cada um de sua equipe? Isso poderia mudar absolutamente tudo em termos de relacionamento e absolutamente tudo, novamente, em termos de resultados e de satisfação no trabalho.

> "Tudo quanto se destina a surtir efeito nos corações,
> do coração deve sair"
> *Johan Wolfgang Von Goethe*

O engajamento no trabalho

Essa falta de calor humano, de respeito à semente, somado a tudo o que já falamos anteriormente, é o que gera a falta de engajamento no trabalho. Uma pesquisa internacional, realizada por uma grande agência, descobriu que apenas 21% das pessoas são engajadas no trabalho; 61% não estão engajados e são aqueles que não estão psicologicamente comprometidos com a empresa, buscam apenas atingir os objetivos sem ousadia ou riscos, e podem deixar a empresa caso surja uma oportunidade qualquer; 18% são ativamente desengajados e mostram a sua atitude negativa com relação ao trabalho e ao empregador e são responsáveis por destruir o valor criado por seus colegas na organização. Crítico? Triste? Talvez, mas uma realidade a ser considerada por nós.

Sabemos que baixos índices de engajamento custam muito às empresas em vendas, lucros perdidos e em menor satisfação dos clientes, mas o pior mesmo é descobrirmos que a origem do engajamento está relacionada a uma eficiente gestão de pessoas. Você sabia que 84% dos profissionais que pedem demissão relatam que o principal motivo de sua saída é o relacionamento com seu gerente direto?

E agora vamos entender: quantos líderes estão de fato preocupados com isso? É por esse motivo que nos últimos cinco anos as editoras lançaram tantos títulos sobre liderança. Estamos carentes de líderes. E embora eles não sejam os responsáveis diretos pelo nosso sucesso, eles podem ser responsáveis pelo não alcance do nosso sucesso. Ou seja: eles têm mais ajudado do que atrapalhado. Essa é uma dura realidade. E qual seria o papel do líder do futuro? Liberar talentos, gerenciar pessoas. A primeira pergunta que um líder deveria fazer é: "O que você mais gosta de fazer?", e a segunda deveria ser: "Qual é o seu sonho?".

Uma importante razão pela qual as pessoas deixam as empresas é o fato de sentirem que os gestores não se interessam pelo sucesso individual delas. Todas as pesquisas indicam que os profissionais anseiam por receber apoio de seus líderes. Uma das maneiras mais eficazes de fazer isso é incluir, em sua rotina semanal, rápidos "bate-bolas" com os liderados para saber de suas dificuldades, além de estabelecer conversas frequentes sobre desenvolvimento com todos. Em seu coração, o líder precisa ser *coach* e mentor, nunca para "consertar" as pessoas, mas para ajudá-las a construir suas habilidades.

Comprovadamente, existe uma relação total entre o engajamento dos funcionários e os resultados das empresas. Acompanhe esses dois exemplos:

Empresas com funcionários dedicados, entusiasmados e responsáveis têm:

50% mais de chance de ter clientes mais leais que a média.
38% mais de chance de ter uma produtividade acima da média.
27% mais de chance de ter lucratividade acima da média.
22% mais de chance de dar retorno maior aos acionistas.
Fonte: The Ken Blanchard Companies

Empresas com funcionários dedicados, entusiasmados e responsáveis geram:

Aumento de 500% na receita.
Aumento de 800% nos lucros.
Ações 1.200% mais valorizadas.
200% mais patentes.
Um valor de mercado que varia de U$ 15 a 60 mil maior por funcionário.
Fonte: McLagan International

Será mesmo que você é um dos 21% engajados? Será que você está na lista dos 84% que vão embora por causa do gerente ou, ainda, será que você saberia descrever que tipo de ambiente faria de você uma pessoa mais engajada? Que relação você acredita que pode existir entre o amor pelo que faz e o seu índice de engajamento?

> **Seja você mesmo**
>
> Eduardo, um aluno de MBA da Fundação Getulio Vargas, chegou para conversar comigo ao final de uma aula de marketing interno, na qual tínhamos falado bastante sobre a questão das entrevistas de contratação. Ele me contou que tinha trabalhado durante 10 anos em uma empresa, quando recebeu a proposta de uma concorrente. Num primeiro momento, achou que não deveria ir, porque estava feliz e tinha feito carreira na empresa onde estava trabalhando, apesar de esta ser gerida de uma maneira um pouco verticalizada. Mas isso não chegava a incomodá-lo. Foi mesmo a curiosidade que o levou a ouvir a proposta da concorrente.
>
> Eduardo me disse que uma das primeiras perguntas que o líder da concorrência fez foi: "O que você mais gosta de fazer?". Ele conta que na hora, ficou mudo com a pergunta, porque teve vergonha de dizer que adorava cantar numa banda de rock que tinha fora do trabalho. O fato de "não precisar" necessariamente estar ali fez com que Eduardo olhasse para o entrevistador, hoje seu líder, e acabasse falando sem milongas: "Ah... eu adoro cantar na minha banda".
>
> Para a surpresa dele, o entrevistador era o maior incentivador desse tipo de atividade fora da empresa, e a empresa em si tinha uma cultura de ócio criativo, o que fazia com que tudo isso estivesse alinhado muito mais com a pessoa que Eduardo realmente era.
>
> O salário oferecido era quase o mesmo da outra empresa, mas Eduardo não pensou duas vezes antes de mudar. Por quê? "Porque na empresa anterior eu estava feliz mas não podia ser eu mesmo o tempo todo, eu precisava obedecer ao padrão de comportamento que a empresa me impunha. Na empresa atual, eu sou ainda mais feliz, principalmente porque não preciso abrir mão da minha personalidade, e isso gera mais transparência e me faz ter muito mais vontade de ir trabalhar e de fazer acontecer".
>
> Aqui podemos concluir que o preço das nossas escolhas refletem diretamente em nossas carreiras. Acima de tudo e de todos, seja você mesmo. Sempre!

A busca pelo ponto de equilíbrio

Na varejista de eletrônicos Best Buy, dos EUA, muitos funcionários não têm horário de trabalho e nem são obrigados a aparecer no escritório. A única expectativa é que cumpram no prazo tarefas previamente acordadas. Mais radical do que deixar que os funcionários definam como e quando trabalharão é permitir que eles não façam o trabalho. De acordo com o programa 20% do Google, os programadores podem gastar até 20% de seu tempo no escritório com projetos não aprovados.

Os psicólogos empresariais já entenderam há muito tempo que poucos trabalhadores são motivados a ter um desempenho excelente por festas em pizzarias, bônus, almoço com o chefe, prêmio de funcionário do mês ou mesmo a promessa de aumento salarial. O que realmente motiva os profissionais é o trabalho: trabalho interessante, trabalho útil, trabalho desafiador, trabalho cuja realização satisfaz tanto o ego como o lado social de cada um.

Infelizmente, apesar disso, o foco do *management* convencional, da contratação à avaliação e à remuneração continua no emprego, não no trabalho. Esse é o problema. As duas coisas são diferentes e está na hora de mudar o foco, ainda que no Brasil a legislação trabalhista seja um entrave para o empregador proporcionar esse tipo de inovação.

Daniel Pink, autor do livro *Motivação 3.0*, Editora Campus/Elsevier, explica que os gestores geralmente partem do princípio de que quando o trabalho não é bem-feito é porque o funcionário é incapaz ou burro, quando, na verdade, isso se deve mais ao fato de a gestão ter distribuído o trabalho de forma burra.

Ele acredita que uma nova geração de executivos seniores está tomando um novo caminho. "Eles nunca ouviram falar de Taylor e possivelmente não sabem o que são sindicatos e greves. Em geral são homens e mulheres jovens que não são especialistas em gestão de negócios, se é que eles se veem como pessoas de negócios". Em vez de aplicar o velho modelo das fábricas ao processamento de informações pós-industrial, eles tomam emprestado o modelo dos *workshops* do século XIX que a Revolução Industrial tentou destruir. A empresa decide que trabalho precisa ser feito, mas os funcionários, individual ou coletivamente, decidem como melhor fazê-lo, quando fazê-lo e com quem fazê-lo. Empresas jovens tendem mais a experimentar, se não por outra razão, ao menos pelo fato de que o crescimento rápido deixa um vácuo de *management*. Seria esse o novo modelo de liderança eficaz?

Google: ousadia para fazer a diferença

Amy Wrzesniewski, da Yale School of Management, observa que os funcionários nessas empresas são muitas vezes deixados livres para adaptar seu trabalho informalmente a novas situações, simplesmente porque a gestão formal não consegue acompanhar as mudanças. Alguns argumentam que essas empresas podem estar crescendo rápido exatamente porque os funcionários são livres para se adaptar.

Sergey Brin e Larry Page, fundadores do Google, dizem que não é preciso haver uma empresa de cem pessoas para desenvolver uma ideia. Eles acreditam que aproveitando o tempo livre, podemos trabalhar sobre novas ideias e ver se trazem resultados. "É mais fácil levantar dinheiro quando algo está funcionando e as pessoas já estão usando". Para eles, o Google não é uma empresa convencional e nem pretende se transformar em uma. "Queremos ser ousados, queremos fazer a diferença, uma grande diferença."

E como as pessoas são tratadas no Google?
- Como adultos que não dependem de que um terceiro lhes indique o caminho ou os limites.
- Pessoas inteligentes e automotivadas fazem a coisa certa.
- É valorizado que as pessoas persigam algo que as apaixone na empresa, não só os resultados.
- A diversidade, o confronto e até mesmo os fracassos são valorizados. "Um fracasso é bom quando entendemos por que aconteceu, e porque traz algo, mesmo que mínimo, para aplicar em outro projeto". O principal desafio para eles é equilibrar a tensão entre risco e cautela.
- Eliminaram-se níveis gerenciais, porque eram os que se encarregavam de dizer "não, isso não é possível" àqueles que se arriscavam.

Devemos, no mínimo, pensar sobre isso. E o conselho vale tanto para funcionários quanto para empresários donos de empresas. Será que você poderia ter este tempo livre? De que forma ele influenciaria na sua performance? E que relação tudo isso tem com o seu amor pelo seu trabalho?

Cuidando de "corações e mentes"

Considerado uma das maiores autoridades em Gestão do Desempenho Humano e vice-presidente fundador da Franklin Covey, organização especializada em Liderança e Habilidades de *Management* do mundo, Blaine Lee esteve no Brasil e chamou atenção para o papel do líder na formação de equipes de alta performance. "Quando você é um líder, você faz a coisa certa, você cuida do seu pessoal. Não apenas cuida da mente, mas também do coração", explicou.

Para ele, preocupar-se com o emocional das pessoas é um fator preponderante para um líder que deseja obter resultados significativos de uma equipe. "Se você tem pessoas inteligentes, os resultados serão melhores. Se você tem dois funcionários inteligentes, mas um deles sabe lidar melhor com as pessoas, sabe tirar das pessoas melhores resultados, quem é o melhor dos dois?", instigou.

Lee chama atenção para algumas falhas, que ele chama de "paralisantes", porque podem atrapalhar um líder no momento de tentar conquistar "mente e coração" das pessoas. Aqui estão:
- Falha em esclarecer as metas da organização e/ou da equipe.
- Falha em traduzir essas metas em ações específicas.
- Falha em conseguir que as pessoas aceitem essas metas principais.
- Falha em relatar, readmitir e reencaminhar com frequência.
- Falha em cada um abrir o caminho para os demais.
- Falha em delegar responsabilidades a cada um.

Na opinião de Blaine Lee, para evitar tais falhas, todo líder precisa ter respostas para as seguintes perguntas:
- Para onde você está indo?
- Por que estamos indo para lá?
- Qual a nossa estratégia, como chegaremos lá?
- Você já esteve lá?
- Você vem conosco?
- Quanto isso vai me custar?
- Que diferença fará para mim, para nós, para os clientes, para a cidade, enfim, para o nosso país?

E um líder precisa tornar-se um mestre da execução; ler, estudar e compartilhar as melhores práticas; comprometer-se a ser um agente de mudanças e fazer a coisa certa, servir de exemplo. "O que um líder faz? Ele faz a coisa certa e toma conta do seu pessoal".

Blaine Lee foi uma das maiores autoridade que conheci em liderança. Tive oportunidade de compartilhar e debater algumas ideias com ele. Foi um dos professores que mais souberam me fazer entender o que significa tocar o coração de alguém. Ele faleceu alguns anos depois. Deixou saudades, e algumas marcas no coração de todos aqueles que tiveram a oportunidade de aprender com ele.

Liderança libertadora pode ajudar a encontrar seu grande amor

Isaac Getz, professor da ESCP Europe Business School e autor do livro *Freedom Inc.*, revelou uma pesquisa na qual mostra que empresas que deixam os funcionários livres e responsáveis para adotar ações que acreditam ser as melhores para a companhia foram formadas por um único líder. Ele conta que entrevistaram esses presidentes e puderam resumir a liderança libertadora em quatro princípios:
- Pararam de dizer às pessoas como fazer seu trabalho e começaram a ouvir suas soluções. Então, eles removeram todos os outros símbolos e práticas que impediam seu pessoal de se sentir intrinsecamente igual.

- Começaram a compartilhar sua visão da empresa de forma aberta e ativa, de modo que as pessoas poderiam se apoderar dela. Mas não fizeram isso antes do primeiro passo, porque quem não é tratado como igual, com respeito, justiça e confiança, deixa seu líder sozinho com sua visão.
- Pararam de motivar as pessoas. Ou seja, eles pararam de usar atrativos para obrigar as pessoas a fazer o que tendiam a não fazer. Em vez disso, desenvolveram um ambiente que permitiu que as pessoas crescessem e se autoguiassem, e deixaram que elas se motivassem.
- Eles permaneceram alerta. Para manter sua empresa livre, eles se transformaram em mantenedores da cultura. O preço da liberdade é a eterna vigilância.

Uma dose de amor para os líderes

Para Michael Bergdahl, ex-executivo no Wal-Mart e autor de *The 10 rules of Sam Walton*, listou a seguir os principais segredos de Sam Walton, fundador do Wal-Mart:

1. Comprometa-se com atingir o sucesso e não permita que a paixão o abandone.
2. Compartilhe o sucesso com aqueles que ajudaram você.
3. Motive-se e motive os outros a perseguir seus sonhos.
4. Comunique-se com as pessoas e mostre interesse por elas.
5. Valorize e reconheça os esforços das pessoas e os resultados obtidos.
6. Celebre suas conquistas e também as dos outros.
7. Escute as pessoas e aprenda com suas ideias.
8. Supere as expectativas das pessoas fixando padrões cada vez mais altos.
9. Controle suas despesas e economize em prol de sua prosperidade.
10. Nade contra a corrente, seja diferente e desafie o *status quo*.

"O prazer no trabalho aperfeiçoa a obra"

Aristóteles

> *"Você pode ter todo o talento do mundo,
> mas se você não estiver interessado em
> fazer uso total dele, a vitória é improvável"*
> George Mikan

Capítulo 6

A construção do sucesso

Ângela Patrícia tem 34 anos e é uma empresária da área de marketing que vem de família simples: três irmãs, mãe dona de casa e pai caminhoneiro. Ela conta que quando foi em busca de seus objetivos não tinha muita direção. "Meu primeiro emprego foi um clarão. Hoje posso dizer que aprendi a amar tudo que tenho e que consegui. Começamos eu e meu sócio, e agora somos em 12 pessoas".

Para Patrícia, o mais importante é aprender, em seguida fazer o bem, em terceiro lugar amar o que faz, e em quarto lugar ganhar dinheiro. "Sonho em aprender mais, ser melhor a cada dia. Se tivesse que escolher em todas as profissões do mundo ou trabalho, escolheria essa na agência". Ela tem um projeto de montar uma agência para ensinar jovens carentes de comunidades a profissão que escolheu para si. "Quando realizar este projeto, estarei completamente realizada. Sei que vou conseguir!".

"O trabalho é uma das dimensões do ser humano. A outra é o amor e a família. Só tem bom desempenho quem ama o que faz". A frase, dita por Peter Drucker, pai da administração, retrata bem o caminho para se construir uma estrada rumo ao sucesso. Afinal, você saberia responder a duas perguntas?

A primeira é: onde você quer chegar? E a segunda: para onde você está indo? Veja bem que existe total conexão entre as duas, mas as respostas podem mostrar divergências entre elas. Como assim? Vou explicar melhor com um exemplo.

Mateus sabe exatamente onde quer chegar. Seu sonho é ser um empresário de sucesso na área de restaurantes. Para ele, os chamados ponto A (onde estou) e B (onde eu quero chegar) de estratégia são muito claros. Porém, se formos analisar para onde ele está indo, eu diria que ele vai muito bem por qualquer estrada que não esteja ligando o ponto A ao ponto B. Ou seja, sem querer, Mateus se boicota e se prejudica. E muitas podem ser as razões para isso: medo, insegurança, pavor, baixa autoestima, excesso de confiança, entre outras características que acabam se conflitando. Mesmo que Mateus saiba onde quer chegar, nem sempre o que ele vai fazer para chegar lá será assim algo tão óbvio. Por isso a importância dessas duas perguntas precisarem ficar muito próximas, trata-se de um bom exercício que mostra em tempo real a sua coerência com relação às suas atitudes.

Tenho um amigo cantor que faz quase a mesma coisa. Ele procrastina tudo o que pode na vida porque tem medo de não conseguir terminar ou de não conseguir executar mesmo, às vezes até tarefas simples. E quando questionado, repreendido, ele chora e diz que não sabe por que faz isso com ele mesmo. E pensar que tantas pessoas adorariam ter pelo menos metade do talento dele...

Eficiência e eficácia

Certa vez, Stephen Covey disse em uma palestra que existe uma enorme diferença entre eficiência e eficácia. Você pode estar indo a toda velocidade pela estrada, aproveitando o dia lindo e o ótimo desempenho do carro. É provável que você esteja sendo muito eficiente. Mas, se estiver na estrada que leva à Califórnia, quando o seu destino é Nova Iorque, você não está sendo muito eficaz.

A eficácia está diretamente relacionada aos nossos resultados. E a eficiência ao modo como fazemos as coisas. Imagine que você vai para uma guerra e sua missão é ganhá-la. Dois meses depois você volta com a guerra ganha, mas tendo matado uma série de homens para chegar a esse resultado. Vamos analisar: você foi eficaz (atingiu o resultado que precisava)? Sim, você ganhou a guerra. Você foi eficiente (fez da melhor forma possível)? Não, porque você matou uma série de pessoas, e poderia ter ganhado a guerra sem precisar matar ninguém. Logo, você foi eficaz, mas não foi eficiente.

E se você tivesse ganhado a guerra sem matar ninguém? Então você teria sido eficaz e eficiente. E se não tivesse ganhado? Você não teria sido nem eficiente e nem eficaz. Consegue compreender?

Para Drucker, "eficiência é fazer as coisas de maneira correta, eficácia são as coisas certas. O resultado depende de fazer certo as coisas certas". Indiretamente, isso quer dizer que bom desempenho não é sinônimo de competência, e que competência não significa, tampouco, alta performance.

Especialistas acreditam que é o talento que leva à alta performance. Para eles, profissionais talentosos entram e permanecem em uma empresa porque acreditam que nela aprenderão mais rápido e melhor do que em outras. E de que forma um talento é aprimorado mais rapidamente? Não por meio de programas de treinamento formais, mas tentando coisas novas, fazendo experimentos com sua atividade e sobre a maneira de desempenhá-la, lidando com problemas reais com a ajuda de outras pessoas talentosas, com formações e habilidades diferenciadas. Funcionários talentosos se desenvolvem melhor ao participar de redes de talento e estruturas matriciais invisíveis.

Pai da Estratégia Moderna, Michael Porter, autor do clássico *Vantagem competitiva das nações* e professor da Harvard Business School, defende que querer ser o melhor é um erro, assim como colocar metas de crescimento em primeiro plano. É importante saber onde quer chegar e qual a sua estratégia, mas ele chama a atenção para algo importante: "Você deve lutar para ser o único. Declarar que quer ser o melhor é uma maneira muito arriscada de esboçar a estratégia", alerta, referindo-se às declarações de missão. "A chave é decidir a quem você vai entregar seu valor único".

Amar o que faz, fazer bem, ganhar dinheiro ou aprender?

Alberto é um professor universitário de 39 anos. O motivador dele é a busca incessante pelo conhecimento. "Adoro compartilhar e intermediar conhecimento, multiplicar, auxiliar as pessoas para melhor desenvolvimento pessoal e profissional". Ele acredita que a remuneração pelo trabalho é uma consequência daquilo que efetivamente se produz e se tem o *feedback* daquilo que foi absorvido pelo ouvinte.

Para Alberto, o mais importante é amar o que faz, fazer bem, aprender e consequentemente, ganhar dinheiro. "A causa da empresa é essencial, ela precisa estar em consonância com o que você acredita. A corporação e você precisam estar engajados, dividindo e, se possível, multiplicando conhecimento. Os sonhos pessoais são importantes, pois é por meio deles que se busca a automotivação. O crescimento em uma organização, bem como seu reconhecimento é fruto daquilo que se faz todos os dias, com amor, com dedicação e muita perseverança".

Se você ainda não tem certeza do motivo pelo qual ainda faz algumas coisas que, sabidamente, lhe criam problemas ou o estão destruindo, analise-as. Esse procedimento lhe dá consciência do roteiro de sua vida. Ajuda-o a fazer escolhas sábias. Robert Cialdini, professor de Psicologia na State University of Arizona e especialista na arte de persuadir, afirma que cerca de 40% de uma decisão se baseiam em fatos, provas, oportunidades; os outros 60% dependem do grau de compreensão e na confiança. Enquanto não estiver confiante, ainda não estará pronto para decidir sobre o seu próprio sucesso.

Lembre-se de que todos os que realizaram grandes coisas tiveram um alvo grandioso, fixaram seu olhar em um nobre objetivo, que algumas vezes lhe pareceu impossível. Você saberia responder qual desses quatro itens é mais importante para você? Amar o que faz, fazer bem, ganhar dinheiro ou aprender? Se precisasse colocar uma ordem para as quatro opções, que ordem seria esta?

Excelência: estratégia, execução e pessoas

O consagrado especialista em gestão Tom Peters é enfático e bastante contundente ao afirmar que a prioridade número um são as pessoas. "Minha mensagem nos últimos 30 anos tem sido: pessoas, pessoas e pessoas. Em primeiro, em segundo e em terceiro lugar. Para ele, uma boa estratégia é uma boa ideia, mas, sem mão de obra fabulosa para executá-la, é quase uma piada. "98% do sucesso de um negócio tem a ver com execução, e 99% da execução tem a ver com pessoas".

Peters contou numa entrevista concedida à revista *HSM Management* que se lembrava de ter visto, em um estúdio de gravação de música, um cartaz que dizia: "Não esqueça que sua melhor performance não é a mais perfeita. É a performance com mais energia, paixão e emoção". Ele explica que acha que isso é absolutamente certo. "Muitos músicos pop estão a milhares de quilômetros de distância da perfeição, mas fazem você sair do show com a sensação de que sua vida mudou. Não tem nada a ver com marketing, tem a ver com algo humano, com detalhes de execução que são intrinsecamente humanos".

Tom Peters afirma que excelência é desempenho e, se há excelência, ela aparecerá em parâmetros mensuráveis, como o da qualidade e o do lucro. Entretanto, desempenho tem a ver, sobretudo, com envolvimento e entusiasmo, porque isso é o que vai aparecer.

Para Peters, execução é a diferença entre vencer e perder. Além disso, ele defende que há execuções que não são excelentes, em que o trabalho é feito e gera êxito, mas não abala estruturas. "Cheguei à conclusão, com toda minha experiência, de que são três as palavras que fazem uma empresa realmente valer a pena: 'execução', 'pessoas' e 'excelência'". Ele justifica dizendo que fazer é o que conta (execução), porque o começo e o fim de tudo são as pessoas, e porque é preciso ter qualidade e emoção no que se faz (excelência).

"Se você me oferecer duas equipes de trabalho, uma com os sete profissionais mais inteligentes de sua empresa e outra com os sete mais interessantes, vou escolher a segunda, porque ela vai, obrigatoriamente, bater a primeira. Isso já foi comprovado em vários experimentos, não é demagogia".

Um dos pontos mais interessantes da entrevista foi quando Peters afirmou que diria aos executivos de empresas que eles devem acordar e desfrutar a vida. Não para executar melhor, mas para viver melhor. "Sou a favor de ter um fim de semana fabuloso e passar tempo com a família, mas também a favor de passar bem o tempo que em que estou trabalhando, que costuma ser 70% do tempo de qualquer um".

Ele conta que fica muito atento a pessoas que sorriem, sabem servir, têm amigos. "Outro dia me ocorreu uma boa ideia: contratar jovens que, enquanto fazem faculdade, trabalham como garçons, pois eles têm experiência em servir os outros. E sorrir é o segredo número um de Nelson Mandela". Ele acredita que ninguém consegue ficar igual diante de um sorriso como o desse homem. Vai além da eudaimonia; tem a ver com habilidade social e com saber ouvir o outro com atenção. Ele coloca o coração no seu sorriso. Consegue compreender a diferença entre um sorriso e um sorriso do coração?

Jenny tem 51 anos, formou-se em Engenharia Química, mas foi no Turismo que encontrou a sua grande paixão. Hoje, ela é gestora regional nos estados do Pará, Maranhão, Piauí e Ceará em uma grande operadora brasileira. O que ela mais gosta de fazer? Trabalhar com pessoas e superar desafios. "Quando estou trabalhando, não sinto o tempo passar. Para mim esse é um dos principais sintomas de que você está realmente envolvido". O que mais a motiva é ver que ainda tem muito o que fazer e aprender. Para Jenny, o mais importante é amar o que faz, seguido de aprender, fazer o bem e ganhar dinheiro. "Quando fazemos algo e não estamos envolvidos e realizados, não conseguimos explorar verdadeiramente o nosso potencial. A excelência precisa ser transformada em hábito".

Sucesso tem mesmo fórmula?

Herbert M. Greenberg, Ph.D e CEO da Caliper, e Patrick Sweeney, coautor do *best-seller O sucesso tem fórmula?* e vice-presidente executivo da Caliper, contam que depois de avaliar o potencial de mais de dois milhões de candidatos e funcionários para 25 mil empresas em todo o mundo, constataram que, antes e acima de tudo, as pessoas alcançam o sucesso quando têm um elo forte com aquilo que fazem melhor. "É nesse elo que o seu potencial e a sua motivação adquirem vida e podem fazer toda a diferença. Isso é particularmente verdade quando se trata de ter sucesso em cargos de liderança, gestão, vendas ou serviço ao cliente – e também de ser bem-sucedido trabalhando em equipe". Eles defendem que quando buscamos alguém para contratar, precisamos descobrir se essa pessoa possui as qualidades necessárias para ser bem-sucedida.

Mário, por exemplo, é um empresário de 30 anos, responsável pela estratégia e marketing de sua agência de eventos Paradigma. O que ele mais gosta de fazer é criar projetos. E por que diz que ama o seu trabalho? "Porque todos os dias tenho a missão da minha empresa para cumprir, que é 'mudar conceitos'. É um grande desafio, visto que a maioria das pessoas procura ficar na zona de conforto". Ele não tem hora para trabalhar e procura viver a vida com diversão e prazer. "Isso significa que, se tiver uma ideia fantástica ou algo para resolver de importante, não me importo com o dia e nem com a hora. Gosto de atender com excelência quatro pilares fundamentais da minha empresa que são: fornecedores, palestrantes, clientes e acionistas". Sabe o que motiva Mário todos dias? É saber que está no caminho dos seus sonhos.

Para ele, o mais importante é amar o que faz, aprender, fazer bem, se divertir, fazer as pessoas mais felizes e fazer dinheiro, nesta ordem. "A causa da minha empresa é de total importância para a realização dos meus sonhos e, consequentemente, do meu crescimento pessoal, profissional e espiritual. Consigo realizar os meus sonhos fazendo coisas desafiadoras e mudando a vida das pessoas".

Perguntas que poderão ajudar você:
- Você consegue inspirar as pessoas e possui a intuição de antever mudanças, qualidades necessárias para liderar?
- Você possui a capacidade de tomar decisões e de inspirar respeito, para não falar na comunicabilidade que a gestão de pessoas e projetos exige?
- Você tem a habilidade de persuadir os outros, de intuir o que estão pensando e de recuperar-se após uma rejeição – atributos essenciais para o sucesso em vendas?
- Você tem o desejo de atender os outros, a atenção para detalhes e o talento organizacional necessários para ter sucesso numa posição de atendimento ao cliente?

Patrick Sweeney explica que essas são as qualidades que nos movem, mas que cada um de nós tem pontos fortes diferentes. Falamos mais disso em capítulos anteriores. A grande questão é descobrir quais são e focar neles toda a nossa atenção, como no caso de Mário. Em suma, o que nós aprendemos é que podemos todos ser bem-sucedidos se tivermos um elo com as nossas qualidades mais fortes e tirarmos máximo proveito do que temos de melhor. Só assim o nosso potencial pode se realizar. Portanto, comece encontrando a sua qualidade dominante.

De dentro para fora

Começar identificando a sua qualidade dominante, aquela que o impulsiona e o define é o primeiro passo. Na sequência, lembre-se de desenvolver sua capacidade pessoal para entender e alinhar sua vida aos princípios que regem a qualidade de vida. O que é mais importante em sua vida? O contexto lhe dará o todo. A conexão com sua missão pessoal é o ponto de partida do paradigma da importância.

A maneira como lidamos com a rejeição, a derrota ou simplesmente o desânimo que a vida sempre acaba colocando em nosso caminho tem muito a ver com a maneira como alcançamos o sucesso. Os autores de *O sucesso tem fórmula?* afirmam que pessoas com forte autoestima se restabelecem rapidamente quando são derrubadas e seguem em frente com ainda mais determinação que antes. E citam o exemplo do jogador de basquete Muggsy Bogues, que, com 1,60 m de altura, foi o mais baixo de todos os tempos. Todos disseram que ele era baixo demais. Isso doía, mas entrava por um ouvido e saía pelo outro. Mas, o alto índice de resiliência do jogador serviu para provar que todos estavam enganados. Como você lida com a rejeição?

Que metas você tem em mente? Afinal, o que você deseja realizar? Qual é a contribuição que deseja fazer? Qual é o objetivo que tem em mente? Um objetivo baseado em princípios focaliza o crescimento e a contribuição. Não basta definir e alcançar metas que criem qualidade de vida. Para Stephen Covey, autor do livro *Os sete hábitos das pessoas altamente eficazes*, o que procuramos, geralmente encontramos. Quando definimos metas que estão em harmonia com a consciência e os princípios que criam qualidade de vida, estamos procurando, e encontramos o melhor. "Fazer a coisa certa, pela razão certa, na forma certa é a chave para a qualidade de vida". É imprescindível, portanto, que você saiba para onde está indo e, principalmente, aonde quer chegar.

Rebecca Stephens, a primeira britânica a escalar o monte Everest, afirma que quando interiorizamos uma meta, ela pode transformar a nossa vida. Depois que decidiu escalar a montanha mais alta do mundo, todas as outras facetas da sua vida ficaram muito mais claras. "Foi a primeira vez que eu efetivamente soube o que queria fazer", explicou. "Antes, eu vivia vagando, meio sem destino. Não era infeliz, acho bom esclarecer, mas estava ciente de que eu era pau para toda obra que não dominava coisa alguma. Não havia encontrado uma direção para a minha vida. Depois que decidi escalar o monte Everest, percebi que nunca tinha buscado algo com tanta convicção. Com isso, metade da batalha já estava vencida – talvez mais. Quando temos um objetivo claramente definido, todo o resto fica mais fácil. Muito, muito mais fácil."

Franco é advogado, tem 33 anos e trabalha na defensoria pública de um município. Ele advoga para famílias hipossuficientes economicamente. Sabe o que ele mais gosta de fazer? Buscar a justiça para os mais necessitados. Franco acredita que quando a pessoa faz o que gosta, a satisfação interior é constante e o reconhecimento e a felicidade vêm naturalmente. Ele defende que uma vez tornada consciente a necessidade de um novo aprendizado, associada com o desejo verdadeiro de aprender, qualquer coisa pode se tornar um novo aprendizado.

Para Franco, em primeiro lugar está aprender, em segundo amar o que faz, em terceiro fazer bem e em último, ganhar dinheiro. "A chave para o sucesso no meu trabalho está na maneira particular de pensar. Quando você muda seu modo de pensar a seu próprio respeito, muda seus relacionamentos, suas metas e sua qualidade de vida. Essas atitudes me ajudaram a dar o resultado das escolhas que eu fiz para atuar no meu trabalho", afirma.

Mas... e o amor?

Sweeney afirma que é impossível ter sucesso sem amar o trabalho. Para ele, sucesso de verdade significa despejar a alma e o coração naquilo que se faz. "Quando agimos com paixão, todos à nossa volta sabem que estão na presença de alguém que tem não só talento, mas também potencial para a grandeza". Em seu livro, ele cita o exemplo do maestro brasileiro João Carlos Martins: "Na última vez que João Carlos Martins tocou um concerto de Bach no Carnegie Hall, o *New York Times* referiu-se à sua pirotecnia arrebatadora: a paixão de interpretar Bach emanava de todo o seu corpo, sua cabeça gingava para trás, as mãos voavam sobre o teclado, a plateia em êxtase. Chegaram a colocar três fileiras de poltronas no próprio palco. 'Toquei como nunca havia tocado em minha vida', ele disse. 'Cada vez que subo ao palco, tenho de tocar como se fosse o último concerto da minha vida. Tenho de me apresentar com toda a paixão do mundo. É a única maneira que consigo'". Ele conta que na época, João Carlos estava perdendo o movimento da mão direita. Precisou abandonar o piano por um tempo, só para retornar com mais paixão ainda, chegando a gravar um CD chamado *Só para a mão esquerda*.

Termômetro

Para descobrir para onde você está indo, é imprescindível saber quem você é. Na tentativa de ajudá-lo nessa autodescoberta, trago aqui algumas perguntas inspiradas no livro *O sucesso tem fórmula?*:
- Você é mais voltado para metas, mais persuasivo ou mais competitivo?
- Você sente mais otimismo, empatia ou confiança?
- Você é paciente ou sente necessidade premente de realizar as coisas de imediato?
- Você consegue intuir o que outros estão pensando ou solidarizar-se com suas necessidades?
- Você é capaz de lidar com a rejeição e recompor-se com um senso de propósito ainda mais forte?

Os autores enfatizam que não há resposta certa ou errada. Apenas a sua resposta. Eles acreditam que quando você for capaz de identificar as qualidades que definem quem você é – e as qualidades das pessoas à sua volta –, então estará bem avançado no caminho de tirar máximo proveito de seus pontos fortes e de alcançar o sucesso à sua maneira.

Employeeship

Pesquisas mostram que a capacidade de encontrar, atrair, contratar, treinar e reter as melhores pessoas é o principal e mais confiável indicador de excelência organizacional. Essa é uma das questões mais prementes nas organizações hoje em dia. Quem afirma é Claus Moller, fundador e presidente da Time Manager International A/S (TMI). É aclamado palestrante internacional, consultor e autor de diversos livros. Para ele, uma organização capaz de atrair as pessoas certas e inspirá-las a dar o melhor de si é competente não apenas em termos profissionais, mas também, emocionais.

Ele reconhece que hoje a tendência é os funcionários escolherem a empresa, não vice-versa. Isso significa que a organização precisa ser atraente para quem procura emprego, além de ter a reputação de que se interessa pelo desenvolvimento e bem-estar de seus funcionários.

É algo bastante simples e pode ser expresso basicamente numa sentença: se a organização colocar as pessoas em primeiro lugar, elas colocarão o cliente em primeiro lugar. E isso mexe diretamente no lucro de qualquer empresa, independente do seu tamanho. Logo, é preciso saber inspirar os funcionários e mobilizar a sua energia.

Moller defende que aptidão e boa vontade são pré-requisitos para lutar e vencer juntos, para não falar numa mente aberta, que abre caminhos para levar isso a cabo. Na ausência de tais condições, não são poucas as organizações que já sucumbiram. "Quando há um esforço sincero e direcionado de todos, quando todos buscam a mesma meta, surge um tipo especial de compromisso pessoal". A TMI, empresa na qual Moller é presidente, chama esse compromisso de *Employeeship*.

"*Employeeship* diz respeito à inteligência emocional e pode ser caracterizado pela responsabilidade, lealdade, iniciativa, confiança e energia de todos. Pessoas dotadas de *employeeship* são competentes não apenas em termos profissionais, mas também emocionais e sociais. Estão dispostas a dar o melhor de si em tudo o que fazem. Elas 'trazem seu coração para o trabalho'. Trazer o coração significa sentir pelo nosso trabalho o mesmo que sentimos quando temos convidados em casa num sábado à noite. Preparamos tudo da melhor maneira possível para uma noite dessas com nossos familiares e amigos. Compramos flores, acendemos velas, preparamos pratos deliciosos, deixamos o vinho na temperatura ideal etc. Quando os convidados chegam, conseguimos fazer malabarismos incríveis, pegando seus casacos, oferecendo-lhes um drinque e refogando o molho ao mesmo tempo. Mesmo quando surgem situações inesperadas, um convidado que derrama um cálice de vinho tinto num legítimo tapete oriental... Bem, até isso nós aceitamos com um sorriso", explica.

> Mas reconhece que para as pessoas levarem seu coração para o trabalho, é preciso que se orgulhem da organização em que atuam e que a vejam como uma parte importante da sua vida – um local de trabalho que oferece oportunidades únicas de desenvolvimento e crescimento a cada um. Melhor equilíbrio entre fatos e emoções. "Se quiserem obter melhores resultados, as organizações precisam focar mais as pessoas do que o dinheiro. Ou seja, devem colocar as pessoas em primeiro lugar". Precisam estabelecer um melhor equilíbrio entre capital financeiro e capital humano. O capital financeiro abrange o "mundo dos fatos", os chamados valores *hard* de uma organização – imóveis, máquinas, ações, estoque etc. O capital humano encontra-se no "mundo das emoções" e abrange os valores *soft* – tudo que diz respeito às pessoas: sua dedicação, educação, criatividade, energia e flexibilidade. O capital humano também abrange a fidelidade dos clientes e a imagem da organização. Para aumentar o capital financeiro é preciso aumentar o capital humano – daí a importância de as organizações introduzirem o princípio de "O funcionário em primeiro lugar" em substituição a 'O cliente em primeiro lugar". As empresas têm de compreender que quando colocam os funcionários em primeiro lugar, esses colocarão também os clientes em primeiro lugar.

> "As pessoas te pesam? Não as carregue
> nos ombros. Leva-as no coração"
> *Dom Hélder Câmara*

Paulo tem 38 anos e é conferencista e escritor profissional. Ele participa diretamente de ações gerenciais e estratégicas pessoais. Por que ama o seu trabalho? "Porque não sinto cansaço ao realizá-lo, tenho certeza que a minha profissão ajuda as pessoas a enriquecerem na sua vida pessoal e profissional e quanto mais eu faço mais realizado e carregado de ótimas energias eu fico".

Para ele, amar o que faz, fazer bem, ganhar dinheiro e aprender são importantes, seguindo essa ordem. Paulo acredita que a falta de lealdade destrói mais as empresas que a falta de competência. "Sonhar! Deveríamos sonhar sempre, e muitos até fazem isso, mas se esquecem de pagar a 'dívida' com seus empregadores. Reconhecer o empregador que lhe deu a oportunidade de ser um profissional e se preparar para empreender seus sonhos". Ele acredita que a empresa para qual você trabalha só progride se progridem aqueles que nela trabalham.

"O profissional que não está progredindo diariamente está enfraquecendo o seu crescimento, o do seu empregador e, por consequência, o do seu país. Os empregadores terão o dever de sustentá-los apenas se eles, empregados, também se considerarem no dever de sustentar a empresa". Paulo enfatiza que há muito tempo não precisa trabalhar por dinheiro. "Sou agradecido a Deus por me abençoar através do meu trabalho a ter livre arbítrio para decidir minha vida tanto na questão da escolha do que fazer, como o que não fazer. Faço da minha profissão a minha própria essência".

Assim como a organização se beneficia tendo funcionários capazes e dedicados, os funcionários também sairão ganhando sendo dedicados ao seu trabalho. É uma situação em que todos saem ganhando e ninguém sai perdendo, que promove a inteligência emocional da organização inteira e aumenta consideravelmente o seu giro e o faturamento. "A inteligência emocional pode ser desenvolvida. Na escola, aprendemos as habilidades necessárias no mundo dos fatos, mas não aprendemos a lidar com os desafios que enfrentamos no mundo dos fatos. O sistema escolar ainda está voltado para a inteligência 'cognitiva', baseada no raciocínio, na memória e no conhecimento, e visa desenvolver aptidões que são medidas pelo QI (quociente de inteligência)".

Moller ressalta que pesquisas mostram que sair-se bem na escola não significa forçosamente aprender a lidar com as exigências e desafios enfrentados na vida. É igualmente necessário desenvolver certas competências relacionadas à inteligência emocional, conhecida como IE, que é medida pelo QE (quociente emocional). "O nível de inteligência emocional não é determinado geneticamente, nem se desenvolve apenas na infância. Ao contrário do tipo cognitivo de inteligência, que não aumenta muito após a adolescência, tudo indica que podemos aprender e desenvolver a inteligência emocional durante a vida inteira".

Ele salienta que até recentemente, o QE não era levado em conta para avaliar as habilidades e competências de alguém. No entanto, parece que pessoas com um QE elevado saem-se bem na vida: são capazes de lidar com os problemas no mundo das emoções, têm respeito próprio, conseguem motivar a si mesmas e inspirar os outros, e tendem a exibir *employeeship*. "A inteligência emocional torna os indivíduos e as organizações mais aptos a lidar com emoções (como raiva, pessimismo e inveja), a minimizar conflitos, a transformar oponentes em aliados e a resolver problemas por meio de empatia e da compreensão das emoções alheias – aumentando a motivação e propiciando melhores resultados".

> "As pessoas que se sentem bem com relação a si próprias, apresentam bons resultados"
> *Ken Blanchard*

*"Quero pessoas com mãos que trabalham,
cabeças que pensam e corações que amam"*
Richard Branson

❈

Capítulo 7

Os 8 segredos comportamentais do profissional que faz a diferença

Jorge é um massoterapeuta de 52 anos que adora fazer atendimento personalizado. "Amo meu trabalho porque ele me realiza e porque acredito que faz bem ajudar as pessoas". Para Jorge, amar o que faz vem em primeiro lugar, aprender vem em segundo, fazer bem em terceiro e em último lugar, ganhar dinheiro.

"Acredito na minha profissão, isso é o mais importante. Se a empresa a respeita, acredita e dá subsídios para o desenvolvimento de um bom trabalho, sério e honesto, estou dentro e a causa dela será a minha. O restante é consequência".

Ninguém gosta de trabalhar em empresas onde se sente pouco valorizado e seja manipulado por um estilo gerencial competitivo destrutivo. Rosabeth Moss Kanter, ex-editora da revista *Harvard Business Review*, consagrada professora de Administração da Universidade de Harvard, autora de 18 livros e recentemente eleita pela *The Times* de Londres uma das "50 mulheres mais poderosas do mundo", já previa, na década de 90, o apagão profissional que o mundo viveria nos dias de hoje. "As empresas que tiverem maior capacidade de criar um bom ambiente de trabalho conseguirão atrair e manter profissionais mais habilitados".

O momento é outro e já é hora de eliminar as condições de trabalho que contribuem para a alienação, frustração e descontentamento. Passamos tempo demais de nossas vidas dentro das empresas, durante a maior e melhor parte de nossas vidas, tentando suprir nossas necessidades de satisfação e afiliação. É justo que queiramos nos divertir e fazer do nosso trabalho a nossa realização. É uma eternidade para se pensar em passar em um lugar onde a cultura e o clima de trabalho gerem medo, raiva, cinismo e ressentimento, em vez de autoestima positiva. Estejam ou não as pessoas dispostas a admitir, a maioria dos problemas pessoais e interpessoais no local de trabalho estão ligados à baixa autoestima das pessoas.

O valor da autoestima

Isso me faz lembrar de um empresário do ramo farmacêutico que tive a oportunidade de conhecer em uma reportagem que produzi. Ele começou pequeno, com três farmácias, e hoje é dono de uma rede delas, que estão espalhadas por todo o Brasil. Muitas pessoas querem trabalhar para ele e, diariamente, há uma pilha de currículos que chegam pelos Correios e também pela Internet. Qual será o segredo para isso, se ele não paga os funcionários melhor do que a concorrência? O segredo está em cuidar da autoestima dos funcionários. Ele conversa com seus colaboradores todas as semanas e ainda fornece o benefício do salão de beleza e barbearia, entre outros, para que todos se cuidem, estejam limpos, bonitos e bem arrumados. Isso faz absolutamente toda a diferença. O clima da empresa é muito legal, e as pessoas trabalham com muito mais prazer, de forma que isso reflete nos resultados e nos lucros propriamente ditos da empresa. A rede não para de crescer.

Os oito segredos comportamentais do profissional que faz a diferença estão totalmente alinhados com os princípios da construção da autoestima. Eles foram criados por Kay McCleery, fundadora da empresa de consultoria Hospitality Systems International, que é também uma ativista na promoção da autoestima no local de trabalho. Ela reconhece que embora não possamos aumentar a autoestima de outras pessoas, só a nossa, podemos tomar atitudes no local de trabalho que nutrem e apoiam o desenvolvimento da autoestima nos outros.

Segredos comportamentais

Cada segredo representa um conjunto de comportamentos específicos que precisam ser aprendidos, colocados em prática e usados de forma cuidadosa, a fim de gerar os melhores resultados.

- **Respeite os outros** – Todos têm necessidade interna de serem vistos e compreendidos pelos outros. Os gerentes podem demonstrar respeito sendo corteses, ouvindo com atenção e compreensão, observando e evitando dar conselhos, sermões ou usar um tom condescendente e sarcástico.

McCleery afirma que o problema, em muitos casos, é que até agora não fomos receptivos à nossa parcela de respeito à vida, por isso não somos capazes de demonstrá-lo aos outros. Ela explica que as pessoas que têm baixa autoestima tendem a se tornar controladoras, impacientes e verbalmente agressivas em situações de estresse, eliminando, assim, quaisquer habilidades de comunicação que se tenha cultivado. Mas, para ela, independente das circunstâncias, a verdade é que nenhum gerente obterá um desempenho excepcional dos funcionários tratando-os com hostilidade, desprezo e falta de respeito. E o mesmo vale para os pares.

- **Capacite as pessoas e invista-as de *empowerment*** – "Capacitar as pessoas é proporcionar-lhes o conhecimento e as habilidades dos quais precisam para ter sucesso no trabalho". Investi-las de *empowerment* é apoiá-las para que possam assumir responsabilidades. Sem treinamento, as pessoas não podem realizar nada, e sem responsabilidade pelos seus próprios atos tendem a se tornar meras executoras, sem iniciativa.

As pessoas capacitadas e investidas de *empowerment* sentem-se bem consigo mesmas, pois têm a oportunidade de dar tudo de si; elas aceitam assumir a responsabilidade por suas próprias vidas, aceitam seu poder (seus dons, seus talentos, seus recursos) e demonstram que podem direcionar suas vidas por caminhos importantes.

- **Aja de forma coerente e consistente** – O comportamento é coerente quando o que estamos sentindo por dentro corresponde ao que estamos fazendo e dizendo. O comportamento é consistente quando o é em termos de caráter e alinhamento com os valores pessoais e organizacionais.

As mentiras mais prejudiciais para a nossa autoestima não são tanto as que contamos, mas as que vivemos. E muitos de nós nos tornamos bastante hábeis em mascarar nossos verdadeiros sentimentos. É preciso muita coragem para ser honesto consigo mesmo.

- **Crie segurança** – Em um ambiente de trabalho seguro, as pessoas sentem-se à vontade para contribuir sem medo do ridículo ou de repreensão. Sentem-se seguras para errar ou dizer "não sei". Quando as pessoas se sentem seguras, tornam-se naturalmente curiosas e criativas. Quando se sentem inseguras, podem se tornar controladoras, medrosas, tímidas, ressentidas, ou assumir uma postura defensiva e reativa, e nada disso proporciona um bom desempenho.

"Nossa sociedade não é um local particularmente 'seguro' para se viver, mas os líderes podem aprender a criar ambientes de trabalho mais seguros que promovam a iniciativa, solução criativa de problemas, comunicação aberta e melhor trabalho em equipe". Se você tiver um líder assim, aproveite a oportunidade.

- **Ensine limites pessoais** – Nunca nos ensinaram a definir nossos limites com outras pessoas, bem como nunca nos ensinaram como dizer a alguém, de forma respeitosa, que seu comportamento é abusivo e inaceitável. McCleery acredita que o abuso, de qualquer forma (verbal ou não verbal), bem como a exploração em nome de ser "aberto, honesto e confiante", deve ser considerado comportamento inaceitável.

Ela diz que todos, independentemente do cargo que ocupam, têm o direito de estabelecer limites pessoais. Como gerentes, temos oportunidade de ensinar pelo exemplo. Cuidando de nós mesmos, de nossas próprias necessidades e exigências de tempo, servimos de modelos para os outros.

- **Investigue as discrepâncias no desempenho** – Ninguém entende uma atitude até compreender os motivos pelos quais as ações fizeram sentido para determinada pessoa. Todas as ações, apropriadas ou não, estão sempre relacionadas a uma tentativa de satisfazer necessidades, a nossos esforços de sobrevivência, a nos protegermos, a mantermos o equilíbrio e evitarmos o medo e o sofrimento e a nos alimentarmos ou crescermos.

Quando um funcionário ou colega se comporta de forma inadequada, primeiro esforce-se para entender o que está causando a falha no desempenho. Ajude-se, e a seu funcionário ou colega, a descobrir como ele vê a situação antes de determinar que ações podem ser tomadas para corrigir o problema.

- **Observe o comportamento e forneça *feedback* construtivo** – McCleery afirma que um dos melhores métodos de treinamento é o *feedback* imediato e construtivo. Entretanto, proporcionar *feedback* construtivo é uma habilidade adquirida. "Todos nós sabemos como gostamos de receber *feedback*, mas, de alguma forma, nos esquecemos disso quando damos *feedback* aos outros".

Ela reforça que os gerentes devem ser específicos quanto aos pontos fortes de desempenho dos funcionários para depois lhes oferecer um *feedback* em relação a um desempenho que deixou a desejar. "Não é bom rotular os funcionários ou colegas, avaliando seu caráter ou fazendo elogios extravagantes. As pessoas ficam ressentidas quando são julgadas e se sentem desvalorizadas quando sabem que o elogio é inoportuno".

- **Estimule o potencial e reconheça o desempenho desejado** – Este é o tópico preferido de McCleery. "Desenvolva campeões e recuse-se a ver uma pessoa como incapaz de um ótimo desempenho". As pessoas com pouca autoestima, muitas vezes, têm tanto medo de suas virtudes quanto de suas limitações. As limitações podem gerar sentimentos de inadequação, enquanto as virtudes levam ao medo de ter que assumir responsabilidades por si mesmo ou da alienação pessoal.

Kathy Gun, gerente do restaurante Hobee's, em Cupertino, na Califórnia, conta a história de um jovem que não tinha autoconfiança, fazia inúmeras perguntas e exigia mais *feedback* que a maior parte de sua equipe. Depois de dois longos anos, a paciência de Kathy e a persistência dele foram recompensadas, pois hoje ele é uma das "estrelas" de sua equipe.

Há 12 anos, Richard, agora com 34, é professor de Educação Física e técnico de Futsal para alunos do Ensino Fundamental e Médio em uma escola estadual do Paraná. Sabe o que ele mais gosta de fazer? Treinar, ensinar, ver a evolução dos alunos-atletas tanto na especificidade do esporte, que consiste fundamentação, desenvolvimento motor, habilidades técnicas e táticas, sistemas de jogo, marcação e, sobretudo, valores humanos, que auxiliam na formação de cidadãos conscientes, críticos e atuantes dentro da sociedade. "Amo meu trabalho pela capacidade de poder transformar e auxiliar a realidade e a própria vida dos atletas, para muito além da prática do esporte".

Para Richard, a oportunidade de poder proporcionar, através dos valores humanos, além do esporte e todos seus benefícios, a formação integral e um desenvolvimento pessoal coeso ao aluno é a principal motivação do seu trabalho. "Conseguir obter excelentes resultados nas competições de que participo nos 12 anos que tenho essa função. Além disso, trabalhar a parte de formação de pessoas dignas, corretas, honestas preparadas para a vida em sociedade, isso me realiza". Para ele, mais importante é amar o que faz, seguido por aprender, fazer bem e, por último, ganhar dinheiro.

"O importante não é o que se dá, mas o amor com que se dá"
Madre Teresa de Calcutá

> *"Traga o cérebro para o trabalho...*
> *mas o coração também"*
> Claus Moller

❈

Capítulo 8

Leve o Coração para o Trabalho

> *Você sabia que quando diz "Amo meu trabalho" reduz o risco de doenças cardíacas?*
> *Um estudo feito pelo HEW Massachusetts, que investigava as causas das doenças do coração, fez duas perguntas aos participantes: vocês estão felizes? Amam seu trabalho?*
> *Os resultados indicaram que aqueles que responderam sim têm uma chance maior de não sofrerem doenças cardíacas.*
>
> Dr. Deepak Chopra

O mundo passou por grandes transformações, saímos do "fazer automaticamente", mais conhecida como Era Industrial, e entramos na Era do Trabalhador do Conhecimento. Na Era Industrial, as empresas contratavam "mão de obra", hoje as pessoas devem ser tratadas como pessoas completas.

Nas últimas duas décadas e meia, todas essas mudanças nos levaram do antigo modelo industrial para um novo paradigma econômico, no qual o conhecimento, a inovação e a criatividade são essenciais. Na crista dessa mudança está o setor criativo da economia: ciência e tecnologia, artes e design, cultura e entretenimento e as profissões baseadas no conhecimento.

E veja como essas transformações ocorreram rapidamente. Na década de 80, os trabalhadores iam para as empresas em busca apenas de seus salários, queriam bater o cartão, ter carteira assinada e horários fixos de entrada e saída. Esse era o ideal do bom emprego, no qual você simplesmente levava o seu corpo até a empresa. "Mandava quem podia, e obedecia quem tinha juízo". Na década de 90, já havia a exigência do cérebro. As empresas começaram a cobrar de seus funcionários que seus cérebros passassem a trabalhar para empresa. Além do corpo para executar, a inteligência passou a ser essencial para pensar sobre a empresa. Pessoas mais qualificadas começaram a se destacar e a profissionalização e o estudo passaram a ser mais valorizados.

Hoje, o que podemos dizer? Será que é suficiente levarmos para o trabalho a cabeça e o corpo? Certamente que não. O diferencial competitivo dos profissionais está muito mais ligado às atitudes que a qualquer outra coisa. Você pode ser inteligente, ter um currículo invejável, mas se não souber trabalhar em equipe, por exemplo, está praticamente fora de contexto. Logo, hoje a inteligência emocional, que é quem dita as nossas emoções, está em evidência. É preciso levar o corpo (sua capacidade de execução), a cabeça (sua inteligência) e também o seu coração (comprometimento) para o trabalho. De nada vai adiantar você se apresentar na empresa se uma dessas três variáveis tiver sido esquecida em casa. Elas só funcionam bem juntas e simultaneamente, criando um autêntico espírito humano.

1980
salário

1990
desafio

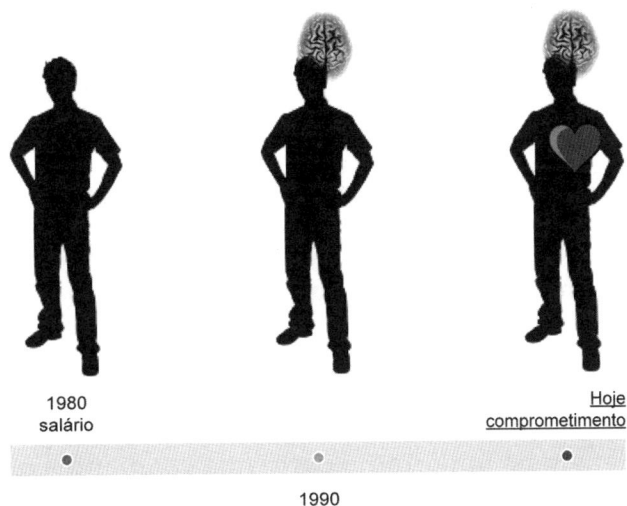

Hoje
comprometimento

Mas... será mesmo que existe alguém que sabe gerenciar o espírito humano? Se os líderes aprendessem a gerenciar com o coração, por exemplo, poderiam acontecer coisas excelentes nas empresas.

Stephen Covey, criador do best-seller *7 hábitos das pessoas altamente eficazes*, acredita que a expressão "mão de obra" já denuncia que lidávamos com gente do mesmo modo que lidávamos com objetos. Ele afirma que as pessoas não darão o seu melhor pelos objetivos da organização enquanto continuarmos a tratá-las como "coisas". Por isso precisamos despertar nos colaboradores a paixão pelas ações desenvolvidas no cotidiano profissional.

Covey diz que a realidade fundamental é que seres humanos não são coisas, nem necessitam de permanente motivação e controle. São seres com quatro dimensões principais: corpo, mente, coração e espírito. E a essas quatro dimensões podemos ligar as quatro necessidades básicas de todo ser humano: viver (e sobreviver), amar (desenvolver relacionamentos fortes), aprender (crescimento e desenvolvimento) e deixar um legado (sentido e integridade). Consciente ou inconscientemente, as pessoas decidirão o quanto de si dedicarão ao trabalho, dependendo de como são vistas e tratadas e das oportunidades de usarem as quatro partes de sua natureza.

A excelência das organizações de todos os setores depende mais do que nunca de fatores como amor pelo que se faz e a utilização de nossos melhores talentos a serviço de objetivos significativos.

Desafie, remunere e celebre

Jack Welch, o executivo do século XX, famoso por seu talento para selecionar e formar grandes líderes, acredita que profissionais motivados e bem recompensados fazem a diferença dentro de uma corporação de sucesso. O segredo, para ele, é saber recompensar tanto a alma quanto o coração do funcionário. Ele defende com unhas e dentes que o item mais importante para uma companhia atingir o sucesso é o trabalho com paixão. "Se olhe no espelho todos os dias e veja se é isso que você gosta de fazer".

Segundo Welch, é importante que os diretores da empresa recompensem sempre os seus funcionários e façam com que eles possam vislumbrar um projeto de vida dentro da sua companhia. Só assim, segundo ele, o bom líder conseguirá trazer todos para junto de si. Seu método consiste em aplicar um critério simples: "Escolho pessoas com muita energia, capazes de incentivar ou 'energizar' as demais, hábeis na execução e, sobretudo, apaixonadas pelo que fazem".

Jack Welch defende a ideia de que a estratégia é o ponto central no trabalho de qualquer corporação, defendida por alguns especialistas. Segundo ele, o foco central são as pessoas. Ou seja, quem tem os melhores profissionais consegue os melhores resultados e, consequentemente, as melhores estratégias. "Achar as melhores pessoas e ajudá-las a crescer é o que lhes assegurará as promoções seguintes. O grande líder é reflexo da grandeza daqueles que ele lidera."

Uma das coisas mais importantes que tive a oportunidade de aprender naquele encontro pessoalmente com Welch foi o segredo para fazer gestão de pessoas baseado na simplicidade do tripé: desafie, remunere e celebre. Lembrando que o tripé só tem valor se as três vertentes estiverem juntas, trabalhando simultaneamente. O que mais vemos, ainda, é trabalharem separadas, e talvez esse seja o motivo do *gap* que temos no Brasil quando falamos de gestão de pessoas.

> "O esquecimento é a morte de tudo quanto vive no coração"
> Jean Baptiste Alphonse Karr

Resultado traz felicidade ou felicidade que traz resultados?

Há cerca de 20 anos, um estudo feito pela Universidade de Illinois, com executivos das 400 maiores empresas americanas, indicou cinco coisas que fazem as pessoas felizes. O interessante é que 95% dos entrevistados apontaram para seis ingredientes, sempre na mesma ordem, que compõem a receita da felicidade no trabalho. Aqui temos:

1. Ter desafios
2. Perspectiva de crescimento
3. Reconhecimento
4. Integração da equipe
5. Sentir-se útil

Você deve estar se perguntando: e o salário? Ficou fora da lista? Sim. Pelo menos quando o item analisado é a felicidade no trabalho. E, se pararmos para pensar, veremos o quanto esta pesquisa ainda é válida nos dias de hoje e será válida nos dias de amanhã. Todo administrador deveria fazer uma cópia e ficar olhando para ela.

Oscar passou mais de vinte anos trabalhando como empresário da área de comunicação. Nunca morreu de amores por isso, nunca foi plenamente feliz nessa profissão. O negócio rendeu um bom dinheiro, o convívio com os seus colegas foi gratificante, teve boas oportunidades, aprendeu bastante e até conseguiu ser um bom profissional, mas nunca esteve inteiro na sua atuação. "Eu não era quente e nem frio: era morno".

Há seis meses, um conhecido o convidou para ser sócio numa empresa de desenvolvimento de pessoas e educação corporativa. E foi então que se encontrou. "Sinto que estou em um estado de graça: feliz, inteiro, entusiasmado e amando minha empresa. Se alguém tentar lhe convencer que trabalho é incompatível com felicidade, pense duas vezes".

"As escolhas apaixonadas têm consequências poderosas"
Jana Kolpen

Felicidade no trabalho

Já não é de hoje que muitos psicólogos procuram pelo segredo da felicidade no trabalho. E uma das perguntas que eles fazem é o que vem primeiro: as pessoas são infelizes no trabalho por serem infelizes na vida ou são infelizes na vida por serem infelizes no trabalho?

Em busca de uma resposta, Nathan Bowling e seus colegas, da Wright State University, nos Estados Unidos, debruçaram-se sobre os resultados de 223 estudos científicos realizados entre 1967 e 2008.

O trabalho consistiu em uma meta-análise de uma amostra selecionada das pesquisas científicas que já investigaram a relação entre a felicidade no trabalho e felicidade na vida como um todo. Eles contam que usaram os estudos que avaliaram esses fatores em dois momentos diferentes, para que pudessem entender melhor as relações causais entre a satisfação no trabalho e a satisfação com a vida.

Os resultados mostraram que o nexo causal entre o bem-estar subjetivo precedendo um maior nível de satisfação no trabalho é muito mais forte que a ligação entre a satisfação no trabalho e os níveis subsequentes de bem-estar subjetivo. Ou seja, as pessoas que são primariamente infelizes na vida parecem ter menos chance de encontrar satisfação no trabalho. E mesmo um trabalho altamente gratificante tem menos chance de disseminar a felicidade.

Os resultados sugerem que se as pessoas são ou estão predispostas a serem felizes e satisfeitas na vida em geral, então elas mais provavelmente serão felizes e satisfeitas no seu trabalho. No entanto, o revés dessa descoberta pode ser que essas pessoas que estão insatisfeitas, em geral, e que buscam a felicidade através do seu trabalho poderão não encontrá-la. E mergulhar no trabalho também não as fará aumentar o seu nível atual de felicidade.

Fonte: Os resultados foram publicados no *Journal of Occupational And Organizational Psychology*.

Recentemente, o site *Diário da Saúde* publicou que, apesar de as pesquisas mostrarem que a felicidade é contagiante, o crescente interesse da ciência pela felicidade tem mostrado pouca relação entre o bem-estar global e as questões materiais. E por que isso acontece?

Porque terapia traz felicidade 32 vezes mais que dinheiro, porque dinheiro só traz felicidade se comprar experiências, e não bens materiais; porque felicidade é ter o que você quer, querer o que você tem ou as duas coisas; porque o foco da felicidade deve estar nas pequenas questões diárias. Conclusão: dinheiro ajuda, mas não compra felicidade.

Tamy tem 25 anos e é um exemplo típico de geração Y no mercado de trabalho. Há um ano ela é gestora de uma equipe e desenvolve clientes, prospecta novas oportunidades, estuda mercados e, principalmente, se diverte. O que ela mais gosta de fazer é enxergar oportunidades de crescimento naquelas pessoas que não davam resultado e ver acontecer com seu trabalho. E por que Tamy ama o seu trabalho? "Porque acordo cada dia com o maior prazer de estar lá e desenvolvo minha vida em cima do que posso crescer enquanto pessoa e profissional para agregar valor ao que faço. Sou viciada em resultados, e isso é o que mais me motiva. É fantástico perceber que suas atitudes transformam e, consequentemente, geram resultados". Ela acredita que o mais importante é amar o que faz, fazer bem, seguido de ganhar dinheiro e aprender. "Meu humor se transforma quando estou trabalhando, é minha terapia".

> "A maioria das pessoas é tão feliz quanto decide ser"
> *Abraham Lincoln*

A felicidade e suas áreas de atuação

O livro *Executivos: sucesso e infelicidade*, dos pesquisadores Betania Tanure, Antonio Carvalho Neto e Juliana Oliveira Braga, mostra que 84% dos executivos das empresas brasileiras, de modo geral, estão infelizes.

Lendo os resultados da pesquisa, conclui-se que alguns setores, como o de telecomunicações, as empresas comerciais e os bancos, devem repensar urgentemente a qualidade de vida que vêm impondo a seus funcionários. Ninguém está tão insatisfeito com a própria saúde quanto os gestores do setor bancário. Os mais insatisfeitos com o elevado nível de cobranças por resultados na empresa são os gestores de companhias comerciais. No extremo oposto, os mais satisfeitos nessa área são os funcionários de serviços públicos.

Os mais insatisfeitos com a carga de trabalho são os executivos de "telecoms". Os gestores de companhias comerciais declararam sempre ter, por conta da tensão, dor de cabeça ou dor nos músculos do pescoço e ombros, e muitos deles precisam tomar algum medicamento para dormir vez por outra. Entre os executivos que disseram sentir-se "muito estressados", os que trabalham em bancos chamaram a atenção. Eles também se destacaram entre os que revelaram que suas empresas passam por uma mudança radical. Já o adjetivo "infelizes" teve uso bem mais acentuado entre os profissionais de "telecoms". É importante observar, contudo, que entre as empresas que têm feito algo para minimizar a tensão de seus executivos, os bancos aparecem em número significativamente maior que outros setores. Já as "telecoms" são maioria entre as que não fazem nada nesse sentido. Mas como saber o que vai acontecer em cada empresa quando entramos para trabalhar?

Jack Welch afirma que é quase impossível saber para onde o levará qualquer emprego específico. Ele diz que se você conhecer alguém que tenha seguido rigorosamente um plano de carreira, tente não se sentar ao seu lado num jantar, porque deve ser um chato. Contudo, ele ressalta que não podemos deixar tudo só por conta do destino. "Um bom emprego pode ser fonte de entusiasmo e dar significado à sua vida, assim como um mau emprego talvez o transforme em um morto-vivo". E como encontrar o emprego certo?

Welch sugere submeter-se ao mesmo processo interativo tortuoso, demorado e cheio de altos e baixos pelos quais passam quase todos os seres mortais que trabalham. "Você consegue um emprego, descobre o que lhe agrada e desagrada, as coisas em que são boas e que são ruins e, com o tempo, muda de emprego em busca de algo em que se encaixe melhor no seu perfil. E repete o processo, até que um dia percebe que está no emprego certo. Gosta de seu trabalho e sabe que está fazendo escolhas e renúncias aceitáveis".

Ele afirma que todos os empregos são um jogo que pode aumentar ou diminuir suas escolhas, e poucos empregos são perfeitos, mas que encontrar o emprego certo é perfeitamente possível. Como? Jack defende que a maioria dos empregos emitem sinais do grau em que são adequados às suas características ou não. Ele enfatiza que esses sinais, bons e maus, se aplicam a todos os cargos, em todos os níveis em uma organização. Confira na tabela a seguir.

Sinais de compatibilidade com o emprego

Sinal	Considere bom sinal se...	Fique preocupado se...
Pessoas	Você gosta muito das pessoas, seu relacionamento com elas é bom e você gosta da companhia delas. Na verdade, as opiniões e as atitudes delas são muito parecidas com as suas.	Você tem a impressão de que precisa colocar uma máscara no trabalho. Depois de visitar a empresa, você começa a dizer coisas do tipo: "Não preciso fazer amizade com as pessoas no trabalho".
Oportunidades	O emprego lhe oferece oportunidades de crescer como pessoa e como profissional e você tem a impressão de que lá aprenderá coisas que você nem mesmo sabia que precisava saber.	Você está sendo contratado como especialista e, ao chegar, provavelmente será a pessoa mais inteligente na sala.
Escolhas	O emprego lhe dá credenciais que você poderá levar ao sair do emprego, a empresa e o setor têm futuro.	O setor já chegou ao máximo de seu potencial ou enfrenta situação econômica difícil e a empresa em si, por várias razões, pouco contribuirá para ampliar suas opções de carreira.
Dono da situação	Você está aceitando o emprego por você mesmo ou sabe por quem o está aceitando, e se sente em paz com a situação.	Você está aceitando o emprego sob a influência de outras pessoas, como a esposa que quer que você viaje menos ou o professor da sexta série, que disse que você não serve para nada.
Conteúdo do trabalho	O tipo de trabalho mexe contigo, você ama o seu trabalho, ele é divertido e importante para você, até parece que ele toca em algum ponto sensível da sua alma.	O trabalho parece trabalho. Ao aceitá-lo, você diz coisas do tipo: "Só até parecer coisa melhor" ou "O salário não poderia ser melhor".

(Tabela publicada originalmente no livro *Paixão por vencer*, Editora Campus/Elsevier)

"A língua do coração é universal: basta possuir sensibilidade
para compreender e falar"
Charles Pinot Duclos

Por que algumas pessoas nunca se encontram no trabalho

Afinal, o que você quer para você? Essa foi a pergunta que fiz para um empresário bem-sucedido num almoço de trabalho que tivemos a oportunidade de desfrutar juntos em São Paulo. Ele tinha dinheiro o suficiente, dizia que era muito feliz com a esposa, era reconhecido pelo seu trabalho e, ainda, poderia ser considerado uma pessoa de sucesso. Você quer fama, sucesso, reconhecimento, dinheiro, poder ou felicidade?

Para minha surpresa, ele me respondeu: "eu quero fama. Sonho em ser alguém famoso". Confesso que fiquei um pouco desconcertada com a resposta, porque eu não sabia até onde ele realmente queria aquilo tudo ou até onde a fama era a única coisa que ele ainda não tinha alcançado na vida. Sim, muitas pessoas passam uma vida inteira procurando apenas o que elas não têm, e olham demais para o lado de fora, esquecendo de alimentar o lado de dentro, esquecendo de olhar para o seu corpo, para a sua alma, para o seu coração.

Rebecca sentou-se ao meu lado num longo voo em que fizemos de São Paulo para Recife. Eu estava na janela, ela no corredor. E entre nós, ninguém. Aproveitei o espaço livre para colocar meus materiais e acabamos dividindo a poltrona vazia. Eu estava na fase inicial deste livro e tinha levado comigo alguns impressos e algo que eu já havia escrito sobre o amor pelo trabalho. Percebi que ela não tirava o olho dos meus impressos, mas achei que pudesse ser por qualquer outro motivo, menos pelo motivo em si.

Só me dei conta disso, quando voltei do banheiro e pedi licença para Rebecca para voltar ao meu lugar. Ela me olhou e perguntou: "Você gosta do que faz?". Aquela pergunta me pareceu estranha naquele momento. Eu quase dei risada, mas preferi responder olhando nos olhos dela: "Sim, eu amo o que eu faço, mas por quê?". Ela respondeu que era porque estava olhando meu material e ele havia chamado muito a sua atenção, desde que eu entrei no avião. Então, não me contive e perguntei: "Você ama o que faz, Rebecca?". E ela me olhou, com os cheios de lágrimas e disse: "Não".

Ela me contou que era promotora de vendas de um laboratório farmacêutico, mas que o seu sonho de vida era a Medicina. Questionei o porquê de ela não tentar a Medicina. "Eu ganho bem neste laboratório, e já estou com 27 anos. Acredito que seria tarde para começar uma carreira. O dinheiro que eu ganho me permite hoje ter tudo o que eu preciso e quero. Eu viajo, eu compro, eu me visto, eu tenho a minha independência. Se eu largasse tudo pela Medicina, teria de começar do zero". Perguntei se ela não estava disposta a ir atrás de seu sonho. A resposta? "Não".

Rebecca para mim é um típico exemplo de alguém que abandonou seu sonho sem tentar ser feliz. Alguém que tem o medo maior que a vontade. O comodismo maior que o amor. Infelizmente, Rebecca é um retrato dos profissionais que temos no mercado. Eles preferem morrer de frustração a descobrir que são seres humanos que podem errar, lutar e alcançar o sucesso de uma maneira plena. Para ela, sucesso é chegar onde chegou. Por medo do fracasso, muitas vezes deixamos o sucesso de lado.

Tom Peters, autor consagrado de livros de negócios, compreende perfeitamente o poder do fracasso quando aconselha a todos nós a sermos "fanáticos por fracassos". Ele defende que "quanto mais fracassos, maior será o sucesso", e cita como exemplo Thomas Edison, que voltou dez mil vezes para a prancheta antes de conseguir criar a lâmpada elétrica, e Abraham Lincoln, que perdeu nove eleições, mas ganhou três, sendo que uma delas o levou à presidência dos Estados Unidos. São os chamados "fracassos bem-sucedidos". Peters afirma: "Mostre-me um empresário bem-sucedido e eu lhe mostrarei um fracasso".

Já falamos anteriormente sobre a questão do quanto somos cobrados pelo mundo para termos sucesso, para sermos bem-sucedidos. Mas... e o quanto nos cobramos para fazermos as coisas que satisfaçam a nossa alma? Geralmente vamos deixando para trás, empurrando com a barriga ou esperamos que alguém decida por nós sobre o nosso próprio futuro. Isso se chama autoboicote, sabia? E, digo mais, você não imagina a quantidade de pessoas que fazem isso todos os dias. E sabe qual o principal motivo de tudo isso acontecer? Por medo. Isso mesmo, medo do sucesso. Medo de não conseguir, de desapontar as pessoas que amamos, de frustrar expectativas, de descobrirmos que somos limitados, que erramos e que, muitas vezes, precisamos de uma segunda chance. A minha pergunta é: como o universo nos dará uma segunda chance, se você não é capaz de se dar a primeira?

"A pior pressão é um coração fechado"
Papa João Paulo II

Você tem medo do sucesso?

Richard Whiteley, autor do livro *Ame seu trabalho*, e grande inspirador deste livro e do meu trabalho de uma maneira geral, adaptou um teste da revista *Fortune*, que trazia um questionário desenvolvido no Boston College e publicado no livro *The success-fearing personality*, para focalizá-lo numa situação de trabalho.

Esse teste pode ajudá-lo a descobrir onde você se situa profissionalmente. Se as afirmativas se aplicarem a você, responda sim. Depois, confira quais foram os seus pontos, conforme descrito a seguir:
- Em geral, sinto-me culpado pela minha felicidade no trabalho se um colega me diz que se sente deprimido.
- Frequentemente, não falo para os outros a respeito da minha sorte no trabalho para que eles não sintam inveja de mim.

- Tenho dificuldade de dizer não aos meus colegas de trabalho.
- Antes de começar a trabalhar em um projeto, encontro, sem querer, várias outras coisas das quais preciso cuidar antes.
- Tenho tendência a acreditar que as pessoas que dão prioridade a si mesmas no trabalho são egoístas.
- Quando alguém que eu conheço se dá bem no trabalho, geralmente, sinto como se tivesse perdido em termos de comparação.
- No trabalho, raramente sinto dificuldade para me concentrar em algo por um longo período de tempo.
- Quando tenho de pedir ajuda, sinto que estou incomodando.
- Geralmente comprometo-me de uma maneira que eu não gostaria para evitar conflitos no trabalho.
- Quando tomo uma decisão com relação ao trabalho que estou realizando no momento, geralmente me mantenho fiel a ela.
- Sinto-me inseguro quando alguém influente no trabalho me cumprimenta.
- Quando estou envolvido numa atividade competitiva (esportes, um jogo, um trabalho), fico tão preocupado com minha performance, que nem chego a apreciar a atividade como poderia.
- Uma maneira infalível de desapontar no trabalho é querer muito alguma coisa.
- No trabalho, em vez de querer comemorar, sinto-me deprimido depois de concluir uma tarefa ou um projeto importante.
- Na maioria das vezes, acho que estou à altura dos padrões profissionais que imponho a mim mesmo.
- Quando parece que as coisas estão indo realmente bem para mim no trabalho, sinto um certo desconforto ao pensar que posso fazer algo que acabe arruinando tudo isso.

Pontuação

Conceda-se um ponto para cada questão que você tenha respondido "sim", exceto nas perguntas 7, 10 e 15. Para cada uma dessas, subtraia um ponto se tiver respondido "sim". Uma pontuação abaixo de 5 significa que você basicamente está bem. Entre 5 e 10 pontos, você está correndo o risco moderado de utilizar um comportamento de autossabotagem. Já entre 10 e 16 pontos, você tem um problema.

*"O cérebro, assim como o coração,
vai onde é bem recebido"*
Robert McNamara

✤

Capítulo 9

O que é trabalhar com amor

"Por que você continua fazendo por aqueles que não te dão o mínimo valor e que nem estão vendo o seu esforço? Eu não faço por eles, faço pelo amor que tenho em fazer e pela pessoa que me transformo fazendo."

Falar sobre as virtudes do amor é uma missão honrosa, ainda que a responsabilidade seja enorme. Porém, creio que colocar em prática o amor é uma decisão e desafio constante para a inteligência e, ainda, para os anseios de cada um de nós. Quando demonstramos amor em nossas atitudes e ações, honramos e cultuamos a própria sabedoria divina, que nos mostra a nobreza do amor ao próximo e o quanto essa força poderosa pode mudar as nossas vidas.

Durante a minha pesquisa para esta obra, tive a oportunidade de colher o depoimento de um jornalista singular, chamado Osias. Ao ser questionado sobre quais as bases fundamentais que o tornam um homem amoroso em face às suas ocupações diárias, ele afirma que foi nos ensinamentos das sagradas escrituras que encontrou razões fundamentais e bases para convicções mais apropriadas sobre o exercício do amor em qualquer que seja a situação que nos encontremos. "Deus nos fez por completo. Temos corpo, alma e espírito. Ele nos fez seres inteligentes. Colocou em nós um coração e nos deu a capacidade de entendermos o fundamento de nossa própria vida. Nascemos com a missão de sermos úteis uns aos outros. Quando estamos cientes do nosso compromisso, experimentamos experiências marcantes e nos sentimos recompensados ao cumprirmos bem a nossa missão. Trabalhar com amor nos traz o sentimento agradável de que nossa missão é necessária para suprir as necessidades do nosso semelhante".

Ele acredita que devemos estar sempre conscientes de que a força do amor que existe em nós é capaz de nos trazer talento e superação aos anseios de nossa alma. E esse é um grande diferencial profissional, eu estou certa disso.

Na vida eu cresci sabendo que só há duas formas de aprender as coisas: ou pelo amor ou pela dor. Durante muito tempo eu aprendi pela dor, talvez seja esse um dos principais motivos pelos quais defendo justamente o contrário. O amor tudo pode, tudo ensina, tudo dá e nada pede em troca. Sou adepta do ensino pelo amor, da liderança pelo amor, da ajuda por amor, porque realmente acredito que se for para fazer pelo próximo, que seja pelo sentimento mais nobre que existe no universo. Afinal, a educação do coração é o processo de cultivar a sabedoria interior.

Ainda que muitas pessoas discordem e que o amor seja o processo mais lento de aprendizado, a dor tudo estraga, numa velocidade incontrolável, sem contar a infinidade de traumas que pode gerar à vida de muitos indivíduos.

Você já sabe que no caminho do sucesso, cometer erros faz parte da jornada. Pergunte-se o fundamental: seu

trabalho faz a energia circular em você? Faça uso deste questionário decisivo que guardei para entregar a você no final desta obra. São apenas dez perguntas, mas que podem decidir a sua carreira. Deixe que o seu coração responda por você:
- O que você faz no trabalho?
- O que você mais gosta de fazer?
- Por que você diz que ama o seu trabalho?
- O que motiva você todos os dias para trabalhar?
- O que você acha que faz bem?
- Quanto você ganha e quanto acha que pode ganhar no seu trabalho?
- O que você pode aprender?
- Para você: qual desses itens é mais importante? Coloque na ordem em que acredita:
  Amar o que faz | fazer bem | ganhar dinheiro | aprender
- Para você, o que é mais importante: a causa da empresa em que trabalha, o seu crescimento lá dentro, ou seus sonhos fora da empresa? Justifique.
- Você acredita que o seu trabalho o realiza? Por quê?

Busque algo mais do que trabalho. Queira encontrar um significado mais profundo no que você faz. Busque o ingrediente secreto chamado "entusiasmo". O entusiasmo criado pelo coração guia seu sistema como um todo, fazendo com que tudo pareça possível e, ainda, aumenta a autoestima no local de trabalho. Mas lembre-se de que não se pode gerenciar entusiasmo, não se pode ensiná-lo. É uma questão de formação de hábito; é contagiante, e adquirimos com as pessoas que trabalham conosco.

Siga seu coração nessa jornada, onde quer que ele o leve, será a um lugar muito mais verdadeiro que centenas de pessoas estão agora, acredite. Ria de você mesmo, mas não deixe de ir em busca daquilo que traz felicidade para você, porque o seu maior concorrente e também o seu maior inimigo estão dentro de você mesmo. Mate-os, sem pena e sem temor, e faça nascer o gênio que existe em você imediatamente. Não há mais o que esperar e não existe tampouco uma razão para isso. De uma vez por todas, saia do seu caminho. Seja você mesmo e deixe-se desfrutar desse estado. Ame, definitivamente, a pessoa que está em você.

Cultive o respeito, o cuidado e o amor. Eles compõem o tripé mais importante de nossas vidas. Porque se o trabalho dignifica o homem, o amor dignifica o trabalho e abençoa todas as nossas conquistas. Mãos são importantes para execução, cabeça é importante para nos ajudar a pensar, coração é importante para mudar nossas atitudes, mas sem alma você não vai a lugar algum. Coloque seu coração e sua alma em tudo o que fizer, depois é só colher os frutos, distribuir as novas sementes e sorrir para a vida. Lembre-se: ninguém, além de você mesmo, poderá compor a sua própria música. O que você mais gosta de fazer mesmo?

O que é trabalhar com amor?

É tecer com fios vertidos de seu coração, como se seu amado fosse usar aquela roupa.
É construir uma casa com carinho, como se seu amado fosse viver nela.
É semear com doçura e fazer a colheita com alegria, como se seu amado fosse comer o fruto.
É carregar todas as coisas que você faz com um suspiro de sua própria emoção e saber que todos os mortos abençoados estão ali, ao seu lado, assistindo.
Trabalho é o amor que se pode ver.
E se você não puder trabalhar com amor, apenas com aversão, seria melhor que abandonasse seu trabalho e se sentasse à porta do templo e pedisse esmolas àqueles que trabalham com gosto.
Pois se você assar o pão com indiferença, assará o amargo pão que não sacia nem a metade da fome de um homem.
E se você, de má vontade, amassar as uvas, seu rancor envenenará o vinho.
E se, mesmo assim, você cantar como os anjos, e não amar o canto, ensurdecerá os ouvidos dos homens para as vozes do dia e da noite.

Khalil Gibran

"No coração do homem é que reside
o princípio e o fim de tudo"
Leon Tolstoi

Referências Bibliográficas

PORTAIS

ÉPOCA NEGÓCIOS. *Inspiração para inovar.* Disponível em: <www.epocanegocios.globo.com>. Acesso em: 13 fev. 2011.
PORTAL DA ADMINISTRAÇÃO. Disponível em: <www.administradores.com.br>. Acesso em: 7 jan. 2011.
PORTAL FRANKLINCOVEY. Disponível em: <www.franklincovey.com>. Acesso em: 20 fev. 2011.
PORTAL *HSM MANAGEMENT*. Disponível em: <www.hsm.com.br>. Acesso em: 8 fev. 2011.
PORTAL MONSTER. Disponível em: <www.monster.com>. Acesso em: 8 fev. 2011.
(Este portal permite ao usuário buscar novo posicionamento no mercado em nível internacional, com banco de dados em 52 países.)
PORTAL MUNDO DO MARKETING. *Você sintonizado com o mercado.* Disponível em: <www.mundodomarketing.com.br>. Acesso em: 14 fev. 2011.
SÍTIO ELETRÔNICO DIÁRIO DA SAÚDE. Disponível em: <www.diariodasaude.com.br>. Acesso em: 8 fev. 2011.
ULRICH, David; ULRICH, Wendy. Portal do livro *Why of Work*. Disponível em: <www.thewhyofwork.com>. Acesso em: 15 jan. 2011.

REVISTAS

ALONSO, Viviana. A Magia do Cirque du Soleil. **Revista HSM Management**, São Paulo, ed. 52, set./out., 2005. Seção Empresas.

_____. Mentes Brilhantes. **Revista HSM Management**, São Paulo, ed. 67, mar./abr., 2008. Seção World Business Forum.

ALONSO, Viviana; BIONDO, Graciela González. Persuadir com o coração. **Revista HSM Management**, São Paulo, ed. 52, set./out., 2005. Seção Dossiê.

BIONDO, Graciela González. Dê cada um o seu melhor. **Revista HSM Management**, São Paulo, ed. 68, maio/jun., 2008. Seção Dossiê.

CRESPO, Rose. Laboratório Sabin: gestão por amor. **Revista HSM Management**, São Paulo, ed. 85, mar./abr., 2011. Suplemento Brasil: presença na gestão que dá certo.

FLORIDA, Richard. O talento criativo e a desigualdade. **Revista HSM Management**, São Paulo, ed. 67, mar./abr., 2008. Seção Dossiê.

KATZENBACH, Jon; KHAN, Zia. Liderança fora dos padrões. **Revista HSM Management**, São Paulo, ed. 83, nov./dez., 2010.Seção Alta Gerência.

KROHE JR., James. Liberte seu Pessoal. **Revista HSM Management**, São Paulo, ed. 84, jan./fev., 2011. Seção Alta Gerência.

REVISTA ÉPOCA NEGÓCIOS. Rio de Janeiro: Globo, 2007-2011.

REVISTA EXAME. São Paulo: Abril, 2006-2011.

TOZZI, Eliza. Use melhor o seu tempo. **Revista Você S.A.**, São Paulo, ed. 152, fev. 2011. Seção Crreira/Produtividade.

LIVROS NACIONAIS

ARIELY, Dan. **Positivamente irracional**: os benefícios inesperados de desafiar a lógica em todos os aspectos de nossas vidas. Rio de Janeiro: Campus, 2010.

BRAGA, Juliana Oliveira; CARVALHO NETO, Antonio; TANURE, Betania. **Executivos**: sucesso e (in)felicidade. Rio de Janeiro: Campus;Elsevier, 2007.

BUCKINGHAM, Marcus; CLIFTON, Donald O. **Descubra seus pontos fortes**. Rio de Janeiro: Sextante, 2008.
CANFIELD, Jack; MILLER, Jacqueline (Org.). **Coração no trabalho**: a inteligência emocional na atividade profissional. Tradução de Ana Beatriz Rodrigues. 2 ed. Rio de Janeiro: Ediouro, 1997.
CIALDINI, Robert. **O poder da persuasão**: você pode ser mais influente do que imagina. Rio de Janeiro: Elsevier, 2006.
COHEN, Dan S.; KOTTER, John P. **O coração da mudança**: transformando empresas com a força das emoções. Rio de Janeiro: Campus, 2002.
COLLINS, Jim. **Empresas feitas para vencer**. Rio de Janeiro: Campus, 2010.
_____. **Como as gigantes caem**. Rio de Janeiro: Campus, 2010.
COVEY, Stephen. **Primeiro o mais importante**. Rio de Janeiro: Campus, 2003.
DRUCKER, Peter F. **A administração na próxima sociedade**. São Paulo: Nobel, 2002.
_____. **Desafios gerenciais para o século XXI**. São Paulo: Pioneira, 1999.
FROST, Peter. **As emoções tóxicas no trabalho**. São Paulo: Futura, 2003.
GEUS, Arie de. **A empresa viva**: como as organizações podem aprender a prosperar e se perpetuar. 2 ed. Rio de Janeiro: Campus, 1998.
GREENBERG, Herb; SWEENEY, Patrick. **O sucesso tem fórmula?** você pode superar os seus limites e vencer do seu próprio jeito! Rio de Janeiro: Campus; Elsevier, 2006.
KANTER, Rosabeth Moss. **Empresas fora de série**: gestão da mudança para criar valor, inovação e crescimento. Rio de Janeiro: Campus; Elsevier, 2010.
LEE, Blaine. **O princípio do poder**. Rio de Janeiro: Elsevier; São Paulo: FranklinCoveyBrasil, 2005.
MALONE, Thomas. **O futuro dos empregos**. São Paulo: MBooks do Brasil, 2005.

MALSEED, Mark; VISE, David. **Google**: a história do negócio de mídia e tecnologia de maior sucesso dos nossos tempos. Rio de Janeiro: Rocco, 2007.
MOLLER, Claus. **Employeeship**: como maximizar o desempenho pessoal e organizacional. São Paulo: Pioneira, 1996.
NELSON, Bob. **1001 maneiras de premiar seus colaboradores**. Rio de Janeiro: Sextante, 2007.
PETERS, Tom. **Reimagine!** Excelência nos negócios numa era de desordem. São Paulo: Futura, 2004.
PINK, Daniel. **Motivação 3.0**. Rio de Janeiro: Campus, 2009.
PORTER, Michael E. **A vantagem competitiva das nações**. São Paulo: Campus, 1990.
WELCH, Jack; WELCH, Suzan. **Paixão por vencer**: 76 fatores críticos para o sucesso. Rio de Janeiro: Campus; Elsevier, 2005.
WHITELEY, Richard C. **Ame seu trabalho**: como encontrar o emprego dos sonhos sem precisar pedir demissão. São Paulo: Futura, 2002.

LIVROS INTERNACIONAIS

AMABILE, Teresa; KREMER, Steven. **The progress principle**: using small wins to ignite joy, engagement, and creativity at work. Boston: Harvard Business School Press, 2011.
BERGDAHL, Michael. **The 10 rules of Sam Walton**: success secrets of remarkable results. New Jersey: John Wiley & Sons Inc, 2006.
CARNEY, Brian M.; GETZ, Isaac. **Freedom Inc**. New York: Crown Business, 2009.
PETERS, Thomas. **The little big things**: 163 ways to pursue excellence. New York: Harper Studio, 2010.
SPIEGELMAN, Paul. **Why is everybody smiling?** The secret behind passion, productivity and profit. Dallas: Brown Books Publishing Group, 2007.
ULRICH, David; ULRICH, Wendy. **The why of work**: how great leaders build abundant organizations that win. Columbus: McGraw-Hill Companies, 2010.